Spankys Tagebuch

Janette Oke

Übersetzung: Ulrike Schumacher
Zeichnungen: Brenda Mann
Satz: TYPO Schröder, Dernbach
Druck: Druckhaus Gummersbach
Printed in Germany

ISBN 3-8149-3021-5

Spankys Tagebuch

Janette Oke

Inhalt

Meine Familie

Wahrscheinlich werdet ihr es ein wenig seltsam finden, wenn ein Hund Tagebuch führt.

Aber viele Menschen vor mir haben dies getan – ich sehe also keinen Grund, warum mir nicht auch die Freude vergönnt sein sollte, ein Tagebuch zu führen.

Ich gebe zu, daß meine Mama komisch reagierte, als ich ihr von meiner Absicht erzählte. Zuerst sah sie ganz schokkiert aus, als ob ich jeglichen Hundeverstand verloren hätte. Dann lächelte sie in sich hinein – sie machte sich ein bißchen über ihr tollkühnes Hundchen lustig. Ich ließ mich aber dadurch nicht entmutigen. Wenn ich mir eine Sache erst einmal in den Kopf gesetzt hatte, blieb ich auch dabei wie ein störrischer Esel im Hundegewand, oder wie immer dieses Sprichwort heißt. Jedenfalls bin ich froh, daß ich es tat. In den letzten Jahren hat mir mein Tagebuch sehr viel Freude gemacht. Besonders heute, da ich älter bin und nicht mehr so aktiv wie früher. Ich bedauere nur, daß ich es nicht immer so gewissenhaft geführt habe.

Ich blättere gerne in meinem Tagebuch und schwelge ein bißchen in Erinnerungen. Dann bekomme ich manchmal sogar einen Kloß in den Hals. Nun ja, wahrscheinlich gehen Alter und Sentimentalität Hand in Hand.

Ich glaube, daß ich jetzt ein wenig von meiner Familie berichten sollte. Wir lebten in einem „durchschnittlichen" Stadtteil und bei einer „durchschnittlichen" Familie. Wenn ich „durchschnittlich“ sage, meine ich das auch genau so. Kaum zu glauben, aber sie hießen wirklich „Schmidt“. Da waren zuerst einmal Herr Thomas Schmidt, den wir mit „er“ ansprachen und Frau Margarete Schmidt, die wir „sie“ nannten. Dann waren da noch Tom Schmidt, Junior (wir nannten ihn einfach „Junior“) und Susanne Schmidt, die wir am liebsten hatten, und die von uns allen „Susie“ genannt wurde.

Meine Mutter war als Mischling sehr weltoffen, obwohl sie uns immer wieder daran erinnerte, daß unser Ururgroßvater mütterlicherseits adlig war, ein Cockerspaniel mit richtigem Stammbaum. Mama benahm sich immer sehr würdevoll und erwartete das gleiche Verhalten von ihren Kindern.

Wir waren fünf Kinder. Der Älteste wurde von den Schmidt-Kindern Blacky genannt. Mama war nicht einverstanden mit den phantasielosen und unangemessenen Namen, die die Schmidts uns gaben. Deswegen gab sie uns selbst andere Namen, von denen sie glaubte, daß sie besser zu unserem vornehmen Erbe paßten. Blacky war für Mama – und deswegen auch für uns alle – Bruno II, weil unser Vater auch Bruno hieß. Bruno II war der Größte unseres Wurfs. Er hatte die Neigung, sich besonders breit zu machen. Er hatte auch ein hitziges Temperament. Ich lernte schnell, daß wir so lange gut miteinander auskommen würden, wie ich in meiner Ecke blieb. Es war jedoch so einfach, das zu vergessen. Meine Narben beweisen es.

Nummer Zwei war meine Schwester Trina. Die Schmidts nannten sie Braunchen. Trina war soweit in Ordnung als Schwester, aber manchmal war sie ein bißchen herrschsüchtig. Wenn man allerdings ihre Ich-hab's-Dir-doch-gesagt Haltung und ihre Rechthaberei übersah, dann konnte sie auch mütterlich und großzügig sein. Allerdings, Gott weiß, wie oft ich mir gewünscht habe, sie würde nicht so ein Theater machen.

Dann kam ich an die Reihe – genau in der Mitte meiner Geschwister. Ich glaube, daß Mama sich oft fragte, was wohl

einmal aus mir werden sollte. Ich erinnere mich, wie sie mit einem tiefen Seufzer sagte: „Ich weiß wirklich nicht, was ich mit Dir anfangen soll.“ Nachdem sie das gesagt hatte, zog sie mich aber immer nahe zu sich, leckte mein Gesicht und küßte meine Nase, die ich so oft in anderer Leute Angelegenheiten steckte. Die Schmidts nannten mich Flecki wegen des kleinen weißen Punktes auf meiner Stirn, aber Mama nannte mich Spanky.

Nach mir kam eine weitere Schwester – die Schmidts nannten sie Lucky. Mama nannte sie Prinzessin. Sie zeigte ihre adlige Herkunft am meisten. Sie war so pedantisch sauber und ordentlich mit allem, besonders wenn Mama sie beobachtete. Wenn man sie allerdings in die richtige Stimmung versetzen konnte, war sie lustiger als ein Haufen von Eseln oder wie immer das Sprichwort heißt. Sie und ich hatten unwahrscheinlich viel Spaß zusammen. Mama mußte uns beide sehr häufig tadeln, damit wir abends endlich Ruhe gaben. Wir lagen gerne eng beieinander, flüsterten uns Witze und Geheimnisse zu. Obwohl sie oft jaulte und sich ihr seidenweicher Bauch schüttelte, wußte ich doch, daß sie mich nie auslachte, sondern mit mir lachte.

Das Baby, der Kleinste unserer Hundefamilie, hieß Minx, d.h. Mama nannte ihn so. Das war überhaupt ihr wunder Punkt. Die Schmidts konnten sich irgendwie nicht auf einen Namen einigen. Sie nannten ihn abwechselnd Kleiner, Zwerg oder Winzling. Der Name „Zwerg“ ging Mama wirklich auf die Nerven. Ich merkte, wie sich ihr jedes Mal, wenn sie hörte, daß die Schmidts diesen Namen benutzten, die Haare sträubten. Sie empfand diesen Namen als eine wirkliche Beleidigung für eine so vornehme Familie. Manchmal zeigten die Schmidts ihre Hundefamilie vor. Dann sah ich, wie Mama bewußt eine Pfote über Minx legte in der Hoffnung, sie könnten vergessen, daß er da war. Natürlich vergaßen sie das nie, denn Minx schien ihr besonderer Liebling zu sein. Die Mädchen kreischten: „Oh, ist sie nicht süß“, und dann wurde Mama wieder böse. Anscheinend denken die

Menschen, daß man weiblich ist, wenn man klein ist.

Minx war ein unbeschwerter und sorgloser kleiner Kerl. Ich glaube, er wußte, daß er im Kampf nie siegen würde. Deswegen entschied er sich, sich als Clown durch das Leben zu mogeln. Das schaffte er auch sehr gut. Jeder liebte ihn.

Die Schmidts nannten Mama Lady, aber Mama zog ihren *richtigen* Namen vor. Ich war jedoch froh, daß ich sie einfach Mama nennen konnte, denn jedesmal, wenn ich versuchte, ihren Namen auszusprechen, stotterte ich nur. Er war so lang und wirklich ein Zungenbrecher. Aber Mama glaubte, daß er etwas von der Würde in sich trug, die jemand mit ein wenig adligem Blut zukam. Sie war doch im Grunde eine Art Prinzessin! Ihre Mama war auch sehr stolz auf ihre vornehme Abstammung gewesen und hatte all ihren Kindern dementsprechend sehr eindrucksvolle Namen gegeben. Der Name meiner Mama war Mandelle Zephery. Das mußte sehr sanft und mit sehr viel Gefühl ausgesprochen werden.

Der einzige andere Hausbewohner außer unserer Familie und den Schmidts war Samantha, eine orange gestreifte Katze, die ziemlich dick war. Mama sagte, daß sie in jüngeren Jahren einmal geschmeidig und schlank gewesen sei. Im Alter hätte sie sich jedoch irgendwie gehen lassen. Außerdem liebte sie fette Milch zu sehr, um auf ihre Figur zu achten. Sie und Mama hatten eine Art Vereinbarung getroffen: Mama nannte es friedliche Koexistenz, obwohl ich nie genau verstand, was das bedeutete. Trotzdem lief alles reibungslos. Samantha verhielt sich besonders vornehm und warf Mama ziemlich verächtliche Blicke zu. Mama dagegen tat einfach so, als wenn Samantha gar nicht da wäre. Ihr ganzes Verhalten sagte deutlich aus: „Laß sie doch da sitzen und sich als große Katze aufspielen. Sie beeindruckt mich überhaupt nicht."

Mein Leben begann also auf diese Art – es war warm um mich her, und ich wurde sehr gut gepflegt. Mama liebte jeden von uns. Auch die Schmidts schienen auf ihre menschliche Art ziemlich mit uns zufrieden zu sein.

Mein Tagebuch

Susie Schmidt nahm oft einen von uns für eine kurze Zeit abends mit sich in ihr Zimmer. Als ich eines Abends dort war, bekam ich die Idee, ein Tagebuch anzufangen. Ich hatte gerade den Arm einer von Susies Lieblingspuppen angeknabbert und dafür von ihr einen Schlag auf den Hintern bekommen. Deshalb war ich in eine Ecke von ihrem Bett geschlichen, um zu schmollen. Susie saß an ihrem Schreibtisch. Sie schrieb etwas und redete mit sich selbst. Sie schrieb in ihr Tagebuch. In diesem Augenblick kam ihr großer Bruder herein.

„Was machst Du denn da?"

„Ich schreibe in mein Tagebuch."

„Wozu das denn? Tagebücher sind blöd!"

„Sind sie nicht. Eines Tages kann ich zurückschauen und all die lustigen Sachen lesen, die ich mal gemacht habe."

„Ist das alles, was Du aufschreibst? Die lustigen Sachen?"

„Natürlich nicht. Ich schreibe alles auf, genau so, wie es geschieht."

„Ich glaube immer noch, daß das dumm ist."

„Ist es nicht."

„Doch."

„Ist es nicht."

„Ist es doch."

„Warum haust Du nicht ab?"

„Ich brauche jemanden, mit dem ich 'Mensch ärgere Dich

nicht‘ spielen kann.“

„Ich kann nicht, ich habe zu tun.“

„Du bist nur blöd.“

Junior ging hinaus und schlug die Tür hinter sich zu. Susie fing wieder an, mit sich selbst zu reden. Ich hörte jetzt genauer hin. Sie erzählte von ihrem Einkaufsbummel mit ihrer Mutter, von den neuen roten Schuhen, die sie gekauft hatten, und von dem Kakao, den ihr die Mutter gekauft hatte. Sie hatte ihre Mutter dazu überredet und dann die heiße Schokolade über ihren besten Pullover gegossen.

Mir gefiel diese Idee, ein Tagebuch zu führen. Ich faßte jetzt und hier den Entschluß, daß ich auch eins haben wollte. Ich begann also gleich am folgenden Morgen.

6. Juni – (Mama sagte, daß es heute der 6. Juni ist). Heute erzählte ich Prinzessin mein Geheimnis. Sie lachte.

7. Juni – Heute habe ich mit Trina Tauziehen gespielt. Ich habe fast gewonnen.

8. Juni – Heute war kein schöner Tag. Ich bekam Schläge, weil ich auf einen Teppich gemacht habe.

9. Juni – Heute versuchte Bruno II Samantha zu jagen. Sie gab ihm Schläge, so daß er weinen mußte.

10. Juni – Heute trank ich aus einer Schüssel. Es war Milch darin. „Sie“ drückte meine Nase da hinein. Ich leckte an meiner Nase, und es war sehr gut. „Sie“ drückte meine Nase wieder in die Schüssel. Das gefiel mir, ich drückte noch ein bißchen mehr, überschlug mich und fiel in die Schüssel. Mein ganzes Gesicht wurde naß. Trina tadelte mich, daß ich so tolpatschig war, aber sie machte mich auch sauber.

11. Juni – Heute hatte ich Schmerzen. „Er“ trat mir auf den Schwanz.

12. Juni – Heute fanden Minx und ich einen Pantoffel. Wir hatten viel Spaß. Der Pantoffel sieht jetzt ziemlich schmutzig aus. Ich hoffe, daß „er“ nicht herausfindet, wer das gemacht hat!

13. Juni – Heute sind wir mehrere Male nach draußen gebracht worden, um „dressiert“ zu werden. Ich weiß nicht,

was das heißt, aber wir haben uns im Blumenbeet sehr amüsiert.

14. Juni – Heute sind wir wieder zur „Dressur" nach draußen gegangen. Als wir zurückkamen, ging Bruno II in die Ecke, und „sie" schrie ihn an.

15. Juni – Wieder draußen. Es gefiel mir nicht. Es regnete, und meine Pfoten wurden ganz kalt und naß. Mama mußte uns alle sauber machen, als wir zu unserem Bett zurückkamen.

16. Juni – „Sie" sagt, daß Prinzessin jetzt „dressiert" ist. In meinen Augen sieht sie noch ganz normal aus.

17. Juni – Wir hatten heute so ein *anderes Zeug* aus einer Schüssel. Es war klumpig, und man mußte es gut im Mund zerkauen, bevor man es herunter schlucken konnte. Es war seltsam, aber Bruno II sagte, daß es gut sei, also aß ich auch davon.

18. Juni – Trina war heute sehr herrschsüchtig. Mama sagt, daß sie jetzt in dieses *gewisse Alter* kommt. Ich hoffe wirklich, daß sie morgen nicht wieder in dieses Alter kommt. Ich bin ihr Theater leid. Ich habe ihr gesagt, daß ich ihr nicht zu gehorchen brauche und daß sie mich nicht herumstubsen kann. Daraufhin kicherte Prinzessin nur.

19. Juni – „Sie" füttert uns jetzt oft aus so einem Schüsselchen. Ich mag die Milch, aber ich bin nicht sicher, ob ich dieses klumpige Zeug mag. Trina sagt, daß man einen Geschmack dafür entwickeln muß, was immer das heißen soll.

20. Juni – Heute beschloß Bruno II, mit Samantha ein bißchen Spaß zu treiben, wenn Mama gerade mal nicht gucken würde. Er schlich sich an, als Samantha gerade in der Sonne lag und schlief. Dann sprang er ihr genau mitten auf den Rücken. Samantha sah so aus, als ob sie überhaupt keinen Spaß verstehen könne. Sie schimpfte und schimpfte mit Mama und sagte, sie solle ihrer Familie ein bißchen besseres Benehmen beibringen. Mama entschuldigte sich und schickte Bruno II ins Bett. Ich habe aber gesehen, wie Mama

ein bißchen lächelte, als Samantha mit ihrem Buckel davonstolzierte.

21. Juni – Heute war ein langweiliger Tag. Es ist nichts Aufregendes passiert.

22. Juni – Heute hatten wir viel Aufregung. Ich bellte den Briefträger an, als er gerade wegguckte. Er machte einen großen Satz die Treppe hinunter, verpaßte eine Stufe und fiel mit seinen Händen und Knien auf den Weg. Seine Post wurde überall auf dem Weg zerstreut. Der Wind blies seine Briefe fort, und alle Schmidts liefen und liefen, um sie wieder aufzusammeln, bis sie alle rote Gesichter hatten und sehr lustig aussahen. Der Briefträger schrie, ballte seine Fäuste und fuchtelte mit den Armen herum. Ich versteckte mich unter der Veranda, bis sie sich alle beruhigten und weggingen. Mama schämte sich meinetwegen.

23. Juni – Mama war heute immer noch böse. Sie sagt, daß wir alle große Schwierigkeiten bekommen, wenn wir nicht bald lernen, uns gut zu benehmen.

24. Juni – Heute war ein glücklicher Tag. Susie Schmidt nahm uns alle zum Spielen mit in den Hof. Wir sahen einen Schmetterling. Er sah aus wie eine Blume, die herausgerissen worden war. Die Sonne schien so schön auf unsere Rücken, als wir unser Nickerchen machten. Mama war auch wieder glücklich und spielte mit uns „Kämpfen und Ringen".

25. Juni – Prinzessin und ich hatten heute sehr viel Spaß. Wir fanden ein Buch auf dem Fußboden. Wir hielten das Buch für unseren *Feind*. Wir zogen und schleiften es über den Boden. Wir knurrten es an und so weiter. Es wurde ziemlich zerrissen. Dann jagten wir kleine Papierschnitzel, sprangen darauf, schüttelten und zerstreuten sie überall. Wir haben es unserem *Feind* wirklich gegeben. Dann kam Susie nach Hause und schrie laut: „Mein Buch aus der Bücherei!" und Prinzessin und ich versteckten uns unter dem Bett.

Veränderungen

Das war also der Anfang meines Tagebuches. Ich glaube, daß ich zu jener Zeit einfach erwartete, daß das Leben immer so für uns alle weitergehen würde. Ich war eben sehr naiv und kannte noch nichts von der Welt da draußen. Mama sprach auch nicht viel darüber. Aber dann kam ein Tag, der alles für uns veränderte. Ich werde ihn nie vergessen.

Das Erste, das meine Aufmerksamkeit erregte, war eine Veränderung bei Mama. Ich wußte noch nicht genau, was es war, aber ich konnte fühlen, daß sich etwas verändert hatte.

Da wir in letzter Zeit sehr viele Mahlzeiten aus dem Napf gefressen hatten, brachte Mama immer weniger Zeit mit uns in unserem Bett zu. Manchmal stieß sie uns sogar weg oder stand auf und ging weg, wenn wir zu hohe Anforderungen stellten. Susie sagte, daß „Mama uns aus dem Nest werfen würde“. Dabei leben wir gar nicht in einem Nest! Irgendwie gewöhnten wir uns daran, weggestoßen zu werden und alleine zu bleiben. Deshalb wußte ich, daß etwas geschehen war, als Mama von draußen hereinkam und ängstlich umherblickte. Sie rief uns dann in unser Körbchen. Als wir alle beieinander waren, kletterte sie auch in den Korb und zog uns alle nahe an sich heran. Sie beschnüffelte und leckte jeden von uns. Ich war zuletzt an der Reihe. Und ich bin ziemlich sicher, gesehen zu haben, daß Mama Tränen in den Augen hatte. Zu diesem Zeitpunkt waren die anderen schon fast alle gemütlich eingerollt und schliefen.

Ich wollte Mama nach all dem fragen, aber ich konnte es einfach nicht. Ich wünschte mir von ganzem Herzen, sie irgendwie zu trösten und diesen besorgten Blick aus ihren Augen vertreiben zu können. Ich zog spielerisch an ihrem Ohr und dachte, das könnte sie vielleicht irgendwie ablenken. Sie zog mich jedoch noch näher an sich und sagte zärtlich: „Spanky, was soll nur aus Dir werden?“ Dann wurden ihre Augen erst richtig feucht, und eine Träne rann über ihre Wange. Ich leckte sie auf und kuschelte mich an sie. Aber ich konnte einfach nicht einschlafen.

Als Mama glaubte, daß wir alle schlafen würden, leckte sie jedes Familienmitglied noch einmal und verließ dann ganz ruhig unser Körbchen. Ich hörte, wie sie Wasser schlürfte. Dann legte sie sich mit einem tiefen Seufzer unter den Küchentisch. Ich öffnete ein Auge und guckte vorsichtig aus unserem Bett heraus. Samantha, klein und dick, aber immer noch ziemlich arrogant, saß auch unter dem Tisch und säuberte ihr schon sauberes Fell. Auf einmal hörte sie damit auf und sah zu Mama hin.

„Ich habe gesehen, daß das *Schild* wieder aufgehangen wurde.“

„Ja,“ seufzte Mama, „ich habe es auch gesehen.“

Samantha grinste höhnisch. „Süße kleine Hunde zu vergeben“, wiederholte sie sorgfältig. „Glaubst Du, daß irgend jemand sie haben will?“

„Die Leute wollen immer kleine Hunde haben“, antwortete Mama gelassen. Sie war nicht bereit, sich in eine Falle locken zu lassen.

„Ja, ich hoffe es“, sagte Samantha, indem sie jedes Wort besonders betonte. „Es wäre wunderbar, hier bald ein wenig Frieden und Ruhe zu haben.“

„Ja“, sagte Mama, „es wird sehr ruhig werden.“

„Das ist Ihr Problem“, schnurrte Samantha. „Ich bin wirklich froh, daß es nicht meins ist. Süße kleine Hunde zu vergeben“, wiederholte sie spöttisch. „Meine Güte, haben Sie noch nicht *genug* Hunde großgezogen, die sie dann weggeben. Ich weiß nicht, warum Sie das immer noch zulassen. Das ist wohl der Grund, warum die Familie schon vor einiger Zeit dafür gesorgt hat, daß ich keine Kleinen mehr bekommen kann.“

„Ja“, sagte Mama möglichst lässig, „ich denke, daß es viel einfacher ist, junge Hunde wegzugeben als Kätzchen.“

Samanthas Augen wurden kleiner, und ihr Rücken bäumte sich leicht auf. Ich war sicher, sehen zu können, wie sie ihre Krallen ausfuhr, aber sie sagte nichts. Sie warf Mama einen verächtlichen Blick zu, dann unserem Korb, dann wieder Mama und ging aus dem Zimmer.

Mama legte ihren Kopf wieder auf ihre Pfoten. Sie hatte Samantha in ihrer eigenen Art geschlagen. Ich war mir jedoch sehr sicher, daß ihr Herz noch ganz schwer war. Ich kannte jetzt den Grund, aber ich verstand immer noch nicht, was wirklich los war.

Der darauffolgende Tag verlief ziemlich normal. Wir aßen, schliefen, knurrten und schlugen Purzelbäume. Wir nagten an allem, was uns in den Weg kam und neckten Samantha, wenn Mama mal wegguckte. Bruno II holte sich mit seinen breiten Schultern die Sachen, die wir hatten und die er haben wollte. Trina schimpfte, kniff und kommandierte herum. Dann überhäufte sie uns wieder mit Liebe, bemutterte und tröstete uns. Prinzessin stolzierte sehr würdevoll daher und verwandelte sich dann in einen rollenden Ball sanften Lachens, wenn ich irgend etwas Dummes sagte oder tat. Minx spielte sich den ganzen Tag als Clown auf. Er machte uns den Tag fröhlicher. Und ich, ich war einfach ich – Spanky. Ich genoß das Leben in vollen Zügen.

An diesem Abend kam Mama wieder zu uns in unser Körbchen. Nachdem sie uns sorgfältig gewaschen und jeden von uns gestreichelt hatte, begann sie mit vorsichtiger Stimme:

„Was immer im Leben geschehen wird, ich vertraue darauf, daß ihr an eure Abstammung und Erziehung denken werdet. Ihr habt allen Grund, euren Kopf hoch zu halten und stolz euren Weg zu gehen. Ihr werdet für jede Familie etwas

Wertvolles sein. Vergeßt das nicht.

Denkt auch immer daran, daß ihr etwas *Besonderes* seid und die Freiheit habt, aus anderen etwas Besonderes zu machen, die weniger Glück hatten als ihr. Ihr braucht euch nicht selbst zu *beweisen*. Ihr seid frei, an andere zu denken und ihnen das Gefühl zu vermitteln, daß auch sie etwas ganz Besonderes sind. Dies ist ein Zeichen einer guten Erziehung. Denkt an andere, nicht an euch selbst. Wenn ihr euch so verhaltet, werdet ihr Glück und wahre Zufriedenheit finden.

Ihr werdet neue Herren haben. Trachtet danach, ihnen ergeben zu sein, ihnen Freude zu bereiten und etwas Besonderes in ihr Leben zu bringen. Dann füllt ihr eure gesellschaftliche Stellung aus, denn Hunde, besonders Hunde bester Herkunft, sollten dem Menschen das geben, was er in seiner chaotischen Welt vermißt – Liebe. Das ist unsere Lebensaufgabe, und wir erfüllen sie sehr gut.

Ich wünsche auch, daß ihr folgende einfache Manieren und Umgangsformen bedenkt. Meine Mutter hat sie mich gelehrt, und ich habe versucht, sie euch beizubringen. Sie sind bekannt als die Regeln des Guten Benehmens. Merkt sie euch. Sie sind für alle gehorsamen und liebevollen Hunde sehr wichtig:

1. Sei immer bereit, deinen Herrn zu lieben.
2. Gehorche, soweit du seine Befehle verstehen kannst.
3. Lasse deinen Herrn niemals im Stich, um der Stimme eines anderen zu folgen und zu gehorchen.
4. Laß dich anfassen, erziehen und liebkosen. Genieße es und mache damit andere glücklich.
5. Respektiere die Herrschaftsbereiche anderer Hunde.
6. Sei darauf vorbereitet, zu verteidigen, was deinem Herrn gehört.
7. Iß ordentlich und akzeptiere alles, was man dir gibt.
8. Bettle nicht, während deine Familie gerade ißt.
9. Gehe Katzen und anderen unangenehmen Geschöpfen aus dem Weg. Wenn du das nicht kannst, tue dein Bestes, um in Frieden und Harmonie mit

ihnen zu leben.

10. Frag mit deinen Augen, bevor du bei dir zu Hause neues Land einnimmst."

Es schien sehr viel zu sein, woran ein kleiner Hund denken sollte. Ich hatte jedoch beobachtet, wie Mama im Alltag alle diese Regeln befolgt hatte, und ich wußte, daß mir diese Beobachtung bei Mama helfen würde, mich an sie zu erinnern.

Mama leckte uns noch einmal.

„Jetzt schlaft gut", sagte sie, und weil wir von einem sehr vollen Tag müde waren, kuschelten wir uns ohne Widerrede an sie. Bruno II nahm sehr viel Platz ein, und Trina hatte ihre schwere Pfote auf mich gelegt. Ich befreite mich und kuschelte mich ganz eng an Prinzessin. Minx lag sanft gegen meinen Rücken gelehnt. Ich leckte Prinzessins Fell, legte meinen Kopf an ihre samtweiche Seite und schlief ein.

Prinzessin

Es kamen Leute, um uns anzusehen. Kleine Mädchen kreischten, und Jungen zerrten uns aus dem Bett, streichelten uns und spielten mit uns. Wir leckten ihre Gesichter, und sie baten ihre Muttis und Vatis: „Kann ich bitte, bitte einen Hund haben?"

Eine Familie kam herein, schrie herum und faßte uns an. Wir versuchten alle, freundlich zu ihnen zu sein, wie Mama es uns beigebracht hatte. Ihre Tochter kicherte und sprach mit Susie Smith. Dann sagte sie: „Sie sind so süß. Ich hätte sie gern alle." Als sie wieder gingen, nahmen sie Prinzessin mit sich. Ich konnte es nicht verstehen und wartete und wartete. Ich war ganz aufgeregt und fragte mich, wann diese Leute sie wohl zurückbringen würden. Aber als es Zeit war, schlafen zu gehen, war sie immer noch nicht zurückgekommen.

Ich krabbelte in eine Ecke unseres Korbes und winselte. Ich vermißte ihr sanftes Fell und das Kichern über unsere kleinen Geheimnisse. Dann kam Mama. Ich kuschelte mich ganz nah an sie und fragte sie, wann Prinzessin nach Hause kommen würde. Aber sie schüttelte nur den Kopf, und eine Tränc rollte über ihre Wange.

„Sie hat jetzt ein neues Zuhause", sagte sie, „und einen neuen Herrn. Sie wird nicht zu uns zurückkommen. Nie mehr."

Ich konnte es nicht glauben. Es gefiel mir gar nicht, ohne

Prinzessin weiterzuleben. Wer würde jetzt lachen, wenn ich einen Witz erzähle oder mich in einen Nylonstrumpf einrolle? Ich wollte anfangen zu weinen, aber Mama redete weiter.

„Ihr werdet alle ein neues Zuhause bekommen, mein Sohn. Erinnert euch dort immer an eure Erziehung, und laßt mich stolz auf euch sein. Am Anfang wird es ziemlich einsam sein. Wenn ihr aber die Verhaltensregeln befolgt, werdet ihr auch mit eurem neuen Herrn glücklich werden. Ich hoffe, daß ihr alle freundliche und gute Menschen finden werdet, die für euch sorgen. Seid mutig und stolz. Ich bin auch stolz auf euch."

Minx

29. Juni – Heute verließ uns Minx. Er sah so klein aus, als er davongetragen wurde. Mama wedelte mit dem Schwanz, als die Leute kamen, aber ihre Augen bettelten sie an, ihr doch bitte ihr Kleinstes noch zu lassen. Sie schienen das gar nicht zu bemerken. Die Frau trug Minx zum Wagen. Der kleine Junge war noch zu klein, um einen Hund, sogar einen so kleinen Hund wie Minx, richtig zu tragen. Trotzdem hatte der Junge darauf bestanden, Minx selbst zu tragen. Ich konnte genau sehen, daß Minx sich sehr unwohl gefühlt haben mußte. Er hatte gerade erst zu Mittag gegessen, und sein kleiner Bauch war ein bißchen geschwollen. Der Junge schien das jedoch nicht zu sehen. Er ließ Minx über seinen dicken Arm herunterhängen. Die Hinterbeinchen hingen unbeholfen auf einer Seite nach unten, und die Vorderbeine hatten sich ineinander verkeilt. Ich hoffte von ganzem Herzen, daß Minx nicht sein ganzes Mittagessen ausbrechen müßte. Es geschah nicht. Es gelang ihm sogar, das Gesicht des kleinen Jungen schnell abzulecken. Der Junge schrie vor Vergnügen. Ich war stolz auf Minx.

Die Familie ging zu ihrem Auto. Ich sah, wie Minx zurückblickte. Es war ein langer, verwirrter und sehnsuchtsvoller Blick auf seinem Gesicht. Es war mir klar, daß er zu Mama zurücklaufen wollte. Sie hatte die ganze Zeit ruhig unter einem Liegestuhl gelegen. Jetzt stand sie plötzlich auf und machte ein paar Schritte nach vorne. Dann, als ob sie dem

Befehl irgendeiner inneren Stimme folgen würde, hielt sie sich zurück, aber ich konnte ein leises Winseln hören, das ihr entwichen war. Ich wußte, daß ihr das alles sehr weh tat.

Nachdem das Auto um die erste Kurve gefahren war, beobachtete Mama es, bis es nach drei Straßen wieder in einer Kurve davonfuhr. Dann ging sie weg. Ich wußte, daß sie alleine sein wollte. Deshalb folgte ich ihr nicht.

Ich ging zurück zu Bruno II und zu Trina. Wir alle vermißten Prinzessin und Minx. Unsere Einsamkeit trieb uns dazu, uns aneinander zu kuscheln. Wir hatten unsere früheren Unstimmigkeiten vergessen. Kein Streit mehr darüber, wer den anderen verdrängte. Wir schmiegten uns aneinander, während wir zu schlafen versuchten.

Mama kam später an diesem Tag und leckte uns ab. Sie zog uns nahe an sich heran und reinigte uns ganz gründlich. Unsere kleinen rosa Zungen schafften es auch, ab und zu ihr Gesicht abzulecken. Dann endlich beruhigten wir uns und lehnten uns gegen Mama, um einzuschlafen.

Ich fühlte mich immer noch einsam, und ich wußte, daß Mama sich auch einsam fühlte. Aber solange ich sie noch hatte, wußte ich, daß ich nie wirklich einsam sein würde. Der Gedanke daran, daß ich je von Mama getrennt sein könnte, kam mir nie in den Sinn, obwohl ich später erkannte, daß Mama ihr Möglichstes getan hatte, um jeden von uns genau darauf vorzubereiten. Ich kuschelte mich an sie, schlief mit dem beruhigenden Klang ihres schlagenden Herzens ein und fühlte mich geborgen.

Meine neue Familie

30. Juni – Es kamen noch einige andere Besucher zu den Schmidts – meist Kinder, die das Schild gesehen hatten und vorbeikamen, um sich die jungen Hunde mal anzusehen. Sie gingen mit dem festen Entschluß weg, ihre Eltern dazu zu überreden, einen Hund haben zu dürfen. Immer wieder wurden Bruno II, Trina und ich angefaßt. Anscheinend waren die Kinder von uns ganz begeistert.

Bruno II neigt dazu, sich ein bißchen über die Sorglosigkeit einiger Kinder aufzuregen. Manchmal läßt er sich das auch anmerken. Gestern Abend tadelte ihn Mama deswegen. Sie erinnerte ihn an seine Pflicht, sich wie ein Mann zu verhalten. Als Bruno II sagte, der Junge habe ihm weh getan, brachte er sich damit selbst in Verlegenheit. Mama sah ihn zärtlich an und bat ihn, sorgfältig zuzuhören. Er solle von ganzem Herzen versuchen, daran zu denken, immer nach diesen Worten zu handeln.

„Mein Sohn, Du wirst vielleicht oft im Leben verletzt. Dies geschieht nicht immer aus Boshaftigkeit, meist aus Unachtsamkeit. Wie immer auch die Umstände sein sollten, Du mußt lernen, den anderen nie, nie zu verletzen. Vergiß nicht, Du bist ein Gentleman. Du hast einen Namen, ein Erbe zu erhalten. Laß Dich nie so weit erniedrigen, und werde nie so selbstsüchtig, Dich selbst zu rächen oder es dem anderen heimzuzahlen. Gewinne die Anerkennung Deines Herrn durch Hingabe und Treue, mein Sohn, Treue und

Gehorsam. Wenn Du auf diese Weise nicht gewinnen kannst, dann akzeptiere die Tatsache, daß Du verlieren mußt. Verliere jedoch mit Würde, und halte Deinen Kopf hoch. Ducke Dich nie aus Angst, und sei nie unterwürfig, werde aber auch nicht bissig oder bösartig. Dreh Dich einfach um und geh weg."

Beim Zuhören fragte ich mich, ob Bruno II in der Lage sein würde, die Worte seiner Mama zu befolgen. Er sagte nichts, aber ich konnte noch die Entschlossenheit in seinen Augen glänzen sehen.

Es fiel mir sehr schwer, ohne Prinzessin und Minx einzuschlafen. Trina regte sich darüber auf, daß ich mich im Bett hin- und herwarf. Ich erzählte ihr unter Tränen von meinen Problemen mit dem Schlafen. Aber sie drückte mich nur weg und sagte: „Dann zähle wenigstens Schafe, damit wir anderen unseren Frieden haben können."

1. Juli – Heute morgen kamen neue Leute. Ich sah zu, wie sie zuerst Bruno II und dann Trina auf den Arm nahmen. Ich war sehr erstaunt, als der Junge rief: „Hey, guck Dir mal den hier an." Er holte mich unter dem Stuhl hervor, wo ich schweigend all diese Aufregung beobachtete.

Ich erinnerte mich an die Anweisungen meiner Mama und versuchte, mit meinem kurzen Schwanz zu wedeln. Ich befürchte, daß sich mein ganzer Körper mitbewegte. Ich leckte das Gesicht des Jungen, und er kicherte vor Freude.

„Bitte, bitte, Mama, ich möchte diesen hier haben", bettelte er.

Ein Mädchen kam herüber, um mich anzusehen.

„Ist er nicht süß?"

„Bitte, Mama. Ich hätte gern diesen hier, bitte", wandte der Junge weiter seine ganze Überredungskunst an.

Ich achtete gar nicht auf sein Betteln, sondern leckte weiterhin sein Gesicht und seine Hände, wann immer es mir möglich war. Ich schüttelte meinen kleinen Körper in dem Versuch, meinen Schwanz zum Wedeln zu bringen.

Als sie alle zur Tür gingen, merkte ich plötzlich, daß der

Junge mich immer noch nicht von seinem Arm heruntergesetzt hatte. Er folgte seiner Mutter zu ihrem Auto, und das Mädchen protestierte heftig hinter ihm.

„Wann kann ich ihn endlich auch mal halten?“

„Auf dem Nachhauseweg“, versprach der Junge.

Er öffnete die Wagentür und kletterte hinein. Dabei hielt er mich noch immer auf dem Arm. Ich bellte kurz, um ihn daran zu erinnern, daß ich immer noch da war. Er lachte einfach nur, und die Mutter fuhr mit dem Auto los.

Ich kletterte schnell auf seine Schulter und sah aus dem Fenster. Da stand Mama mit gespreizten Beinen. Ihre Augen schauten unverwandt auf mich und als das Auto davonfuhr, hörte ich, wie sie leise winselte. In diesem Augenblick wußte ich, daß es mir so ergehen würde, wie es vorher Prinzessin und Minx ergangen war, und ich bekam einen dicken Kloß im Hals. Eine Welle von Furcht und Einsamkeit überrollte mich, so daß mein ganzer Körper zitterte. Trotz aller Warnungen von Mama war es mir nie in den Sinn gekommen, daß ich ihr auch einmal weggenommen werden könnte. Ich hatte beobachtet, wie die anderen gingen und war völlig blind dafür gewesen, daß ich auch mal an die Reihe kommen könnte. Jetzt konnte ich die Traurigkeit in Mamas Augen völlig verstehen, die jedes Mal da war, wenn sie mit ansehen mußte, wie eines ihrer Kleinen weggetragen wurde. Ein kleiner Schrei kam aus meiner tiefsten Seele und verließ meinen Hals als ein sanftes, trauriges Winseln. Der Junge nahm mich wieder auf seine Arme.

„Oh, er ist traurig“, sagte das Mädchen.

Der Junge sagte nichts, aber streichelte meinen glänzenden Pelz und liebkoste meinen Kopf mit seinem Finger. Ich wußte, daß er mich mochte, und so verließ mich die Traurigkeit ein wenig. Und endlich nickte ich sogar ein bißchen ein.

Ich erwachte, als ich von einen Arm in ein paar andere Arme überwechselte, denn jetzt war das Mädchen an der Reihe, mich zu halten. Sie griff ungeduldig aber sanft nach mir. Bald saß ich in ihrem Schoß, sie streichelte mich und sprach liebevoll mit mir.

„Du bist so ein süßes, kleines Hundchen", sagte sie leise. „Wir werden so viel Spaß mit Dir haben."

Ich kuschelte mich gegen sie, die so schön warm war, und schlief wieder ein.

Das nächste Mal erwachte ich, als ich über eine Allee zu einem ziemlich großen weißen Haus mit braunen Verzierungen getragen wurde. Auf ihrer Straßenseite wippten helle, leuchtende Blumen im Wind. Ein grüner Rasen erstreckte sich von einem Zaun zum nächsten. Dieser Ort sah wundervoll aus, um da zu spielen. Ich blinzelte in das helle Sonnenlicht. Jetzt war es wieder der Junge, der mich trug.

„Setze ihn ins Gras. Ich hole ein bißchen Milch", sagte ihm das Mädchen.

Er setzte mich hin und legte sich neben mich. Ich zog an seinem Hemdsärmel, wie ich an Brunos oderTrinas Ohr oder Schwanz gezogen hatte. Der Junge kicherte und schubste mich spielend mit seiner Hand. Ich knurrte – nur zum Spaß und kämpfte mit seinen Fingern. Er lachte wieder. Da machte ich mich an sein braunes Haar heran. Ich nahm einen ganzen Büschel Haare in den Mund und zog mit aller Kraft. Er hob seine Arme hoch, um sich vor meiner scheinbaren Wut zu schützen. Er kreischte vor Lachen.

Seine Schwester kam mit der Milch zurück. Als ich meine Nase in die Schüssel steckte, merkte ich erst, wie durstig ich war. Ich trank alles aus und stand da, mein Bauch war zum Platzen voll.

„Ich glaube nicht, daß wir mit ihm spielen sollten, wenn er so vollgegessen ist", sagte das Mädchen.

„Laß uns sein Bett richten. Vielleicht möchte er jetzt ein wenig schlafen."

Ich versuchte, um sie herum zu tänzeln, um wieder ein Spiel mit ihnen anzufangen, aber ich war einfach zu satt. Mein Bauch zog mich jedes Mal nach unten, wenn ich sprang. Obwohl meine Beine „nach oben“ wollten, sagte mein Magen, „nach unten“. Am Ende entschloß ich mich, meinem Magen zu gehorchen, fiel genau dort hin, wo ich war und legte meinen Kopf auf meine Pfoten. Der Junge lachte und nahm mich vorsichtig auf den Arm.

„Du hast zuviel gegessen, nicht wahr? Das nächste Mal werden wir Dir nicht mehr so viel auf einmal geben.“

Sie legten einen alten Mantel in einen großen Pappkarton und setzten mich hinein. Es war so behaglich darin, daß ich mich am liebsten hineingelegt und meine Augen geschlossen hätte. Aber ich vermißte immer noch das Gefühl von warmem, weichem Fell. Ich hatte immer mit dem Kopf gegen Mama oder meine Brüder oder Schwestern geschlafen. Ich weinte mehrmals und schlief dann ein.

Als ich wieder aufwachte, hatte die Familie gerade gegessen. Meine Erziehung kam mir zugute. Ich winselte, um mein Körbchen verlassen zu können. Da sprach die Mutter:

„Markus, ich glaube, daß Du das Hündchen eine Weile nach draußen nehmen solltest.“

Er trug mich hinaus und setzte mich auf das Gras.

„Und ab mit Dir.“

Ich machte mich davon. Es dauerte eine Weile, bis er mich wieder einfing. Das Mädchen kam mit ihm. Sie saßen zusammen, streichelten mich und sprachen über ihr neues Hundchen.

„Wie sollen wir es nennen?“

„Vielleicht Dusty.“

„Nee.“

„Lady?“

„Ich glaube, es ist ein Männchen.“

„Sandy vielleicht? Das ist seine Farbe.“

Ich schnappte plötzlich nach den Schuhriemen und war rasch wieder auf allen vieren. Dann nahm ich all meinen Mut zusammen und fing knurrend und glucksend an, mit den feindlichen Bändern zu ringen. Markus lachte:

„Ich weiß, Traude. Wir wollen ihn Spanky nennen."

Ich war noch nicht einmal überrascht. Natürlich war ich Spanky. So hieß ich seit meiner Geburt. Ich fragte mich, warum sie so lange gebraucht hatten, um das herauszufinden. Ich war jedoch froh, daß sie es endlich entdeckten.

Ich ließ die Schuhriemen los und machte mich an das Hosenbein von Markus. Er lief einige Schritte, zog mich hinter sich her, und hob mich dann hoch.

„Laß uns ihm einige Kunststückchen beibringen", schrie das Mädchen. „Ich hole einen Ball."

Sie rannte zum Haus und kam mit einem kleinen rot-blauen Ball wieder. Sie saßen etwa einen halben Meter von mir entfernt und rollten den Ball hin und her. Es sah so aus, als ob es großen Spaß machen würde. Ich rannte auf den Ball zu, es gelang mir jedoch nur, ihn wegzustoßen. Hin und her ging der Ball, und so lief auch ich hin und her. Die Kinder lachten über meine schwerfälligen Versuche. Dann schaffte ich es zu meiner größten Überraschung, meine Zähne in dieses sanfte Bällchen hineinzusenken, und er rollte nicht mehr. Ich nahm ihn vom Boden auf und sauste zum Blumenbeet. Die Kinder rannten hinter mir her, lachten und schrien. Ich wartete, bis sie ganz nah an mich heran kamen, und dann wirbelte ich davon und trug den Ball mit mir. Wir rannten immer um das Blumenbeet herum, bis wir ganz erschöpft waren. Schließlich fiel ich auf meinen Bauch und ließ das Mädchen den Ball aus meinem Mund herausnehmen.

„Du solltest ihn eigentlich zurückbringen", tadelte sie mich.

Sie begannen wieder, den Ball wegzurollen. Ich konnte nicht widerstehen. Obwohl ich so müde war, mußte ich einfach mitspielen. Ich rannte hinter dem Ball her. Dieses Mal fing ich ihn früher, und dann lief ich sofort zu den Büschen.

„Spanky, komm zurück."

Sie fingen mich wieder und nahmen mir den Ball aus dem Mund.

Immer und immer wieder spielten wir dieses Spiel. Allmählich dämmerte es mir. Sobald ich den Ball gefangen hatte, wollten sie, daß ich ihn zurückbringen sollte, damit sie ihn wieder wegrollen konnten. Das erschien mir ein wenig dumm und schwerfällig. Als ich den Ball das nächste Mal fing, brachte ich den Ball sofort zu Markus zurück, anstatt wegzurennen.

„Er hat es kapiert und richtig gemacht", schrien beide. „Er hat den Ball zurückgebracht."

Wenn ich gewußt hätte, wie sie sich über eine so kleine Sache wie einen zurückgebrachten Ball freuen würden, hätte ich ihn den beiden schon viel früher gebracht.

Wir spielten unser Spiel weiter. Es wurde jetzt kühler, denn die Sonne hatte sich schon am Himmel gesenkt. Die Frau rief aus dem Haus.

„Markus und Traude. Es ist schon lange Zeit für euch, ins Bett zu gehen. Heute habt ihr genug gespielt. Beeilt euch."

„Ach, Mutti!"

„Wir spielen doch gerade so schön."

„Ihr könnt morgen weiterspielen. Kommt jetzt rein."

Traude nahm mich, und wir gingen alle zur Tür.

„Wir sollten ihn lieber füttern, bevor wir ihn ins Bett bringen."

Sie fütterten mich, nahmen mich mit, als sie sich wuschen und die Zähne putzten. Sie zogen ihre Schlafanzüge an. Traude schimpfte Markus aus, weil er seine Kleidung überall auf dem Boden verstreut hatte. Das erinnerte mich an Trinas Herrschsucht. Eine Welle der Einsamkeit überflutete mich. Markus hob seine verstreuten Sachen auf, rollte sie zu einem unschönen Knäuel zusammen und legte sie auf einen Stuhl. Dann trug er mich in mein Bett. Traude folgte ihm.

„Während ich sein Bett herrichte, kannst Du nochmal mit ihm Gassi gehen", sagte Traude.

Markus ging mit mir nach draußen.

Als ich wieder hereinkam, hatte Traude mein Bett fertig vorbereitet. Sie steckten mich hinein und erwarteten, daß ich mich hineinkuscheln und einschlafen würde. Das hätte ich auch nach diesem kräftezehrenden Spiel tun sollen, aber ich spürte schon, daß ich in diesem Körbchen sehr einsam sein würde. Ich winselte.

„Spanky, es ist jetzt Zeit zum Schlafen."

Traude griff nach mir und gab mir einen kleinen Klaps. „Leg Dich jetzt hin." Aber ich legte mich nicht hin. Ich stand auf den Hinterbeinen, die Vorderpfoten hatte ich auf eine Seite meines Bettchens gestellt. Ich bat mit meinen Augen und meiner Stimme, daß sie mich doch bitte mit sich nehmen sollten. Ich weinte und winselte, während ich versuchte, selber herauszukrabbeln.

„Oh, Du armes Hundchen", sagte Markus. „Du bist wohl sehr einsam? Das ist in Ordnung. Wir sind ja hier bei Dir. Jetzt kannst Du in Ruhe einschlafen."

Er setzte mich zurück auf den alten Mantel in das Körbchen und drückte mich hinein. Er streichelte mich, damit ich auch dort bleiben würde. Ich legte mich hin. Das Gefühl einer sanften Hand auf meinem Fell gefiel mir. Sobald das Streicheln aufhörte, war ich blitzschnell wieder auf den Beinen. Die Kinder gingen leise auf Zehenspitzen aus der Küche. Ich sprang zu der einen Seite des Körbchens und fing wieder an zu weinen. Sie kamen wieder zurück.

Dieses Spielchen wiederholte sich einige Male, bis schließlich der Vater hereinkam.

„Ich dachte, daß eure Mutter euch ins Bett geschickt hätte."

„Aber er ist doch so einsam."

„Er weint, wenn wir weggehen."

Der Vater bückte sich über mein Korb. Ich schaute ihn mit sanften, bettelnden Augen an, war aber gar nicht sicher, wie er reagieren würde. Er streckte seine Finger aus und streichelte mein Fell. Ich leckte seine Hand und schüttelte meinen Schwanz, damit er richtig wedelte.

„Natürlich ist er einsam. Er wird sich noch einige Nächte einsam fühlen, aber dann wird er sich wohl fühlen. Er muß das einfach lernen."

Er zögerte einen Augenblick und sagte: „Wartet mal einen Augenblick hier."

Er war bald zurück und trug einen seltsamen Gegenstand.

„Was willst Du denn damit?" fragte Markus.

„Ihn in sein Körbchen legen."

„Braucht ein Hund denn einen Wecker?" fragte Traude ungläubig.

„Der Wecker soll ihn nicht aufwecken, er soll damit schlafen", antwortete der Vater. „Hört mal dieses Tick-Tack Geräusch. Er vermißt seine Mutter. Das Ticken der Uhr wird ihn an ihren Herzschlag erinnern, und er wird sich mehr wie zu Hause fühlen."

Er kniete nieder und versteckte die Uhr unter dem alten Mantel. Dann legte er mich mit meinem Kopf in die Nähe der Uhr und streichelte meine Seite mit einem langen, sanften Finger.

„Ihr beide geht jetzt ins Bett."

„Ich hoffe wirklich, daß es funktioniert."

„Ich auch."

Die beiden Kinder verschwanden, und der Vater blieb noch ein paar Minuten und streichelte mich. Ich seufzte zufrieden, hörte das sanfte Tick-Tack unter meinem Kopf. Es war tröstlich, das ständige Ticken in meiner Nähe zu haben, aber ich vermißte immer noch die Wärme meiner Mutter. Ich vermißte sogar das Wackeln und Schnappen meiner Schwestern und Brüder. Aber ich war ja auch so müde. Endlich fielen meine Augen zu, und ich glaube, ich schlief ein.

Einsamkeit

Als ich aufwachte, war es im Haus still, und nur das Licht einer Straßenlaterne von draußen erleuchtete die Küche. Ich lief in meinem Körbchen herum und suchte meine Mutter. Dann merkte ich plötzlich, daß ich ganz alleine war. Ich erinnerte mich, wo ich war. Ich achtete gar nicht auf das sanfte Ticken der Uhr, sprang hoch, begann zu weinen und an der Seite meines Körbchens zu kratzen. Die Frau kam bald. Sie nahm mich liebevoll hoch und sprach mit mir. Dann trug sie mich zur Tür und setzte mich auf die Treppenstufe.

„Beeile Dich jetzt", sagte sie.

Ich beeilte mich.

Als wir zurück ins Haus kamen, legte sie mich wieder in mein Bettchen. Ich wollte nicht alleine dort bleiben und begann zu weinen. Sie faßte meinen Kopf an.

„Es ist okay jetzt. Du mußt wieder schlafen, leg Dich hin, los."

Ich ließ es zu, daß sie mich in mein Bett drückte. Als sie aber wegging, weinte ich immer noch.

Den Rest der Nacht schlief ich sehr unruhig. Wenn ich wach lag, umgab mich die Einsamkeit wie eine schwere Decke, die den Hals zudrückte. Mit allen Fasern meines Wesens wollte ich meine Mama bei mir haben. Ich wünschte, sie hätten sie auch hierher gebracht. Ich mochte diese neue Familie und wäre sehr glücklich mit ihnen gewesen, wenn ich nur meine Mutter hätte. Sogar Trina oder Bruno II wären ein großer Trost gewesen. Ich dachte an Prinzessin und Minx und fragte mich, ob sie auch irgendwo ganz alleine in so einem Korb waren und eine schmerzliche Sehnsucht nach der Familie empfanden.

Ich schlief einen kurzen Augenblick, wachte dann wieder auf und lag zitternd und winselnd da. Ich wollte nach Hause.

Die Sonne ließ gerade einige ganz neue Strahlen in die Küche fallen, als Markus auftauchte. Er nahm mich aus meinem Körbchen. Ich war noch nie so froh gewesen, einen Menschen zu sehen. Mein ganzer Körper bebte. Ich küßte seine Wangen, Haare, Nase und Ohren, immer und immer wieder. Er lachte.

Er brachte mich für eine gewisse Zeit nach draußen und nahm mich dann mit sich auf sein Zimmer. Wir legten uns in sein großes Bett. Ich kuschelte mich ganz nah an seine Brust, die in einem Nachthemd steckte. Ich konnte das sanfte Schlagen seines Herzens hören und die Wärme spüren, die von seinem Körper ausging. Ich schmiegte mich ganz nah an ihn und holte einigen Schlaf auf, den ich während der Nacht nicht gefunden hatte.

Besondere Ereignisse

6. Juli – Meine neue Familie ist in Ordnung. Ich vermisse Mama, Bruno II und Trina immer noch, auch Prinzessin und Minx. Aber ich mag Herrn und Frau Dobson, und ich liebe Traude und Markus. Es gibt noch zwei andere, die hier leben. Sie sollen in einigen Tagen von einem Freizeitlager nach Hause kommen.

8. Juli – Ich werde langsam richtig gut, einem Ball nachzujagen und ihn wieder zu fangen. Ich werde jedes Mal besonders liebkost, wenn ich ihn zurückbringe. Heute spielten Markus und ich mit einem Stock. Ich glaube, er möchte, daß ich ihm auch nachjage. Er kann nicht rollen. Wenn ich ihn manchmal aufhebe, hängt ein Ende des Stocks auf dem Boden. Ich weiß nicht, warum Markus mit einem Stock spielt, wenn er doch einen Ball benutzen könnte. Aber ich glaube, daß ich mich damit abfinden muß, wenn er es mag und es ihm so viel Spaß macht.

Ich vermisse Mama immer noch.

10. Juli – Ich habe einen großen Garten, in dem ich spielen kann. Aber Frau Dobson veranstaltet so ein Theater wegen ihrer Blumenbeete. Sie verscheucht mich jedesmal, wenn ich in ein Blumenbeet gehe. Trotzdem macht es doch so viel Spaß, sich zwischen den Blumen zu verstecken und darin herumzuwühlen. Ich wünschte mir nur, sie würde sich nicht immer so darüber aufregen.

Ich schlafe jetzt ein bißchen besser.

25. Juli – Zwei weitere Familienmitglieder kamen heute nach Hause. Ein älterer Junge namens Georg, er ist zwölf Jahre alt, und ein Mädchen, Sandra, neun Jahre alt. Sie waren mit mir einverstanden.

Bei vier Leuten, die mich auf dem Arm halten wollen, habe ich kaum mehr Gelegenheit, meine Beine zu benutzen. Ich war froh, einmal wieder rennen und die Welt alleine erforschen zu können, als sie zu Abend aßen.

29. Juli – Ich hörte, wie Herr Dobson allen Kindern einschärfte, darauf zu achten, die Gartentore gut verschlossen zu halten. Ich frage mich, ob ich es alleine schaffen würde, meine Mama zu finden, wenn ich den Garten verlassen würde. Ich glaube, daß es möglich wäre. Nur daran zu denken, macht mich schon ganz aufgeregt. Heute hatte ich keine Chance, es zu versuchen. Jedesmal, wenn sie kamen oder weggingen, haben sie das Tor sorgfältig verschlossen.

20. August – Die Kinder sprachen heute alle viel über die „Schule“. Ich weiß nicht, was die Schule ist, aber sie klangen so aufgeregt, daß ich glaube, es muß sehr viel Spaß machen, dorthin zu gehen. Sie sprachen davon, „sich darauf vorzubereiten“ und „alles dafür einzukaufen“ und „dort hinzugehen“. Ich hoffe sehr, daß sie mich auch mitnehmen werden.

Der gestohlene Ball

21. August – Gestern nahm mich Markus mit, als er die Straße hinunter zum Spielplatz lief. Es machte viel Spaß. Es waren auch viele andere Kinder da, und sie wollten mich alle einmal auf den Arm nehmen. Ich wollte jedoch herumlaufen.

Einige Jungen spielten mit einem wirklich großen, braunen Ball. Ich versuchte, ihn zu fangen, konnte ihn aber nicht in den Mund bekommen. Sie lachten mich einfach aus.

Ein paar kleinere Kinder spielten in einem großen Kasten mit Schmutz.

Sie bauten Straßen und schoben kleine Autos und Lastwagen hin und her. Ein Junge hatte einen Laster, der viel Schmutz transportieren konnte. Er füllte ihn und lud den Schmutz dann an der einen Seite des Kastens in der Nähe der Schaukel wieder ab. Er häufte den ganzen Schmutz in einem großen Haufen auf. Ich begann, in dem Schmutz zu graben, aber wahrscheinlich befand ich mich gerade mitten in einer ihrer Straßen, denn sie schrien mich an. Markus rief: „Los, Spanky, geh aus dem Sandkasten raus." Ich lief also zu ihm zur Rutschbahn.

Er setzte mich auf seinen Schoß, und wir rutschten immer wieder hinunter. Markus schien diese Rutschbahn wirklich

zu mögen. Er schien zu glauben, daß es mir genauso viel Freude bereitete, aber ich war da nicht so sicher. Sie war so hoch oben in der Luft, und das schnelle Heruntersausen löste in meinem Magen so ein komisches Gefühl aus. Ich war froh, als Markus zur Schaukel ging, um da zu spielen. Hier konnte ich die Umgebung selbst ein wenig erforschen.

Ich konnte gar nicht glauben, welch ein Glück ich hatte – ich fand einen Ball. Er war ganz blau und ein wenig größer als unser Ball zu Hause, aber er paßte in meinen Mund. Ich konnte es kaum erwarten, ihn Markus zu zeigen. Es machte ihm immer so viel Freude, mit einem Ball zu spielen, und ich war sicher, daß er sich auch über diesen Ball sehr freuen würde.

Ich nahm den Ball, lief ganz stolz über das kühle grüne Gras und suchte nach Markus. Er spielte so eine Art Ringen-Spiel mit einem anderen Jungen. Ich mußte den Ball hinschmeißen und an seinem Hosenbein zerren, um seine Aufmerksamkeit auf mich zu lenken. Endlich bemerkte er mich und hörte damit auf, sich auf dem Boden herumzuwälzen. Er setzte sich hin und wischte das Gras von seinem T-Shirt. Ich wählte diesen Augenblick, nahm den Ball auf, um ihn stolz zu zeigen. Er schien jedoch gar nicht mit mir zufrieden zu sein, als er dann mit mir redete.

„Wo hast Du das her, Spanky?"

Ich wedelte mit meinem Schwanz und legte den Ball in seinen Schoß. Ich war doch in Eile, um mit ihm Ball zu spielen. Er sprang auf.

„Wo hast Du diesen Ball gefunden, Spanky? Das ist nicht Dein Ball. Weißt Du nicht, daß es verkehrt ist, etwas zu nehmen, das Dir nicht gehört?"

Ich muß so verwirrt ausgesehen haben, wie ich mich fühlte, denn er legte eine Hand auf meinen Kopf. Obwohl sich seine Hand sanft anfühlte, veränderte sich seine Stimme nicht, sondern sie blieb sehr streng.

„Es ist nicht Dein Ball, Spanky. Du hast jemandem den

Ball weggenommen. Spanky, das ist Stehlen, wenn man etwas nimmt, das einem nicht gehört. Du darfst aber nicht stehlen, Spanky. Jemand wird nach dem Ball suchen, und er wird sehr traurig sein, wenn er ihn nicht finden kann. Ich wünschte, ich wüßte, wo Du ihn hergeholt hast, damit ich ihn zurückbringen könnte. Du darfst so etwas nie, nie wieder tun, Spanky, hörst Du?“

Ich hatte es gehört. Ich hatte doch nichts Böses tun wollen. Es tat mir sehr leid, daß ich jemandem den Ball weggenommen hatte, was ihn jetzt traurig machen würde. Es tat mir auch sehr leid, daß ich Markus wütend gemacht hatte. Ich senkte den Kopf und weinte.

Markus' Hand streichelte mich wieder.

„Ach, Spanky. Es ist jetzt passiert. Sei nicht so traurig. Komm schon, kleiner Junge.“

Er kraulte mein linkes Ohr mit seinen Fingern. Normalerweise fühle ich mich dabei am ganzen Körper sehr wohl. Ich versuchte darauf zu reagieren, aber mein Schwanz wedelte noch nicht einmal.

„Komm, Markus. Rede jetzt nicht mehr mit dem dummen Hund“, sagte der andere Junge. „Ich hätte Dich dieses Mal fast gekriegt und beinahe gesiegt, wenn dieser blöde Hund nicht gekommen wäre.“

„Du hättest mich nicht besiegt“, sagte Markus.

„Ich wette doch.“

„Willst Du's nochmal versuchen?“

Der Junge wartete noch nicht einmal, um darauf zu antworten. Er flog auf Markus zu, und sie begannen wieder, miteinander zu kämpfen.

Ich schaute mir den gestohlenen Ball an. Ich hatte ihn nicht stehlen wollen. Ich dachte an die Kinder, die jetzt nach ihm suchen und traurig sein würden. Vielleicht gehörte er sogar zu einem anderen kleinen Hund. Ich konnte die Eigentümer nicht finden, da ich ja nicht wußte, wer sie waren. Aber ich konnte den Ball dahin zurückbringen, wo ich ihn gefunden hatte. Vielleicht würden sie zu dem Platz gehen und dort nach dem Ball suchen. Ich nahm den Ball und lief los.

Als ich zu dem Platz kam, wo ich den Ball gefunden hatte, schnüffelte ich eine Weile herum, bis ich ganz sicher war, den richtigen Platz gefunden zu haben. Ich öffnete mein Maul und ließ den Ball auf die Erde fallen. Ich hielt ihn mit einer Pfote fest, damit er nicht von dieser Stelle wegrollen konnte. Dann ging ich ein Stück zurück und sah mich um. Einige Kinder spielten ganz in der Nähe. Ich wußte nicht, ob ihnen der Ball gehörte oder nicht. Ich hatte alles getan, um die Dinge wieder in Ordnung zu bringen. Ich drehte mich um und schlich mich langsam davon.

Ich war gerade stehengeblieben, um das Gras, das um einen großen Baum herum wuchs, auf den Geruch von irgendwelchen Eichhörnchen oder Katzen hin zu prüfen, als ich einen glücklichen Schrei hörte.

„He, guck mal – hier ist Kurts Ball!“

„Wirklich?“

„Ja, sieh. Genau hier. Wir wollen Kurt den Ball bringen.“

Sie klangen ziemlich aufgeregt über diese Entdeckung. Also hatte Markus wohl recht. Ich vermute, daß der Junge, der seinen Ball verloren hatte, wirklich sehr traurig gewesen war und jetzt sehr froh sein würde, den Ball wiederzubekommen. Ich war froh, daß ich mir die Mühe gemacht hatte, den Ball zurückzubringen. Ich wünschte, es hätte irgendeine Möglichkeit gegeben, Markus davon zu erzählen. Wie sehr ich es versuchte, ich konnte ihn nicht dazu bringen, meine Sprache zu verstehen. Oh, er verstand schon einige Dinge – z.B. wenn ich etwas zu trinken oder zu fressen oder nach draußen gehen oder spielen wollte. Aber sehr oft, wenn ich ihm wirklich gerne etwas mitteilen wollte, erreichte ihn das einfach nicht. Ich nehme an, daß die Menschen nichts dafür können, wenn sie einfach nicht so intelligent sind wie wir Hunde. Ich dagegen verstehe Markus ohne weiteres.

Nun, obwohl ich nicht in der Lage sein würde, Markus von all dem zu erzählen, fühlte ich mich viel besser, weil ich den Ball dahin zurückgebracht hatte, wo er hingehörte. Ich faßte den Entschluß, nie wieder etwas zu nehmen, das mir nicht gehörte.

Ich hatte wieder neuen Mut, wedelte mit dem Schwanz und ging auf die Suche nach Markus. Mein Magen sagte mir, daß es fast Essenszeit war. Ich hoffte, daß Markus seinen Ringkampf beendet hatte und bereit war, wieder nach Hause zu gehen.

Besondere Lektionen

22. August – Frau Dobson möchte nicht, daß ich auf den Wohnzimmerteppich trete. Sie hat den Kindern wiederholt befohlen, mich aus dem Wohnzimmer herauszuhalten. Ich versuche, nicht hineinzugehen, aber es ist so leicht, das zu vergessen, wenn sie alle im Wohnzimmer sitzen. Heute übte Sandra Klavier, und Traude und Markus lagen auf dem Boden und spielten. Ich wollte ihnen einfach eine Weile zusehen, deshalb schlich ich mich ganz langsam ins Wohnzimmer.

Ich war sicher, daß mich niemand bemerkt hatte, als – peng! Dieses Geräusch konnte einen leicht taub machen, so laut war es. Ich spürte einen Schlag auf meinem Hinterteil. Es tat nicht wirklich weh, aber es erschreckte mich fast zu Tode. Mit einem wilden Aufschrei rannte ich in die Küche zu meinem Körbchen. Normalerweise konnte ich nicht alleine in das Körbchen oder herauskommen. Aber ich denke, meine Angst war so groß, daß sie mich hineinbrachte; denn bevor ich merkte, was geschehen war, hatte ich mich in meinem alten Mantel verkrochen. Ich versuchte mich zu verstecken und gleichzeitig Trost zu finden.

Später entdeckte ich, daß es sich bei der „Waffe“, mit der man mich bestrafte, um eine aufgerollte Zeitung handelte. Das funktionierte wirklich sehr gut – wenn man damit beabsichtigte, jemanden zu Tode zu erschrecken. Ich möchte das nicht noch einmal erleben. Frau Dobson kann ihren Teppich für sich alleine haben.

25. August – Viele Dinge sind gestern geschehen. Markus und Georg sind sehr früh aufgestanden und mit ihrem Vater Fischen gegangen. Ich wollte mit ihnen gehen, aber sie entschieden sich dagegen.

Traude hatte Besuch von einer Freundin, die den ganzen Tag mit ihr verbrachte. Sandra hatte eine Klavierstunde und ging danach ins Schwimmbad.

Es war kein *normaler* Samstag. Irgendwie war der alltägliche, routinemäßige Ablauf ziemlich durcheinander geraten.

Markus und Georg waren zu aufgeregt, um an irgend etwas anderes als ans Fischen zu denken. Als ich aufstand und zu meinem Napf ging, um zu frühstücken, war er leer.

Ich hörte genau, wie Frau Dobson den Mädchen sagte, daß sie besonders darauf achten sollten, mich zu füttern, bevor sie losliefen. Anscheinend hatten sie es aber vergessen. Ein- oder zweimal an diesem Morgen guckte ich nach, aber mein Napf war immer noch leer. Ich entschied, daß ich einfach bis zum Mittagessen hungern mußte; dann würden sie sicher darandenken, mir etwas zum Fressen zu geben. Aber irgendwie ging ich wieder leer aus.

Mein Magen war leer und schmerzte, als ich mich an diesem Nachmittag in den Hof legte. Ich kaute an meinem Knochen, aber er tröstete mich auch nicht darüber hinweg. Ich leerte den kleinen Rest Wasser in meinem Wasserschüsselchen, aber das nahm auch nicht dieses quälende Gefühl weg. Es schien besonders lange zu dauern, bis die Familie zum Abendessen zusammenkam. Die Männer waren noch nicht vom Fischen zurück, deshalb aßen die Frauen alleine. Ich wartete bei meinem Freßnapf in der Hoffnung, daß jemand mich bemerken würde, aber sie beeilten sich sehr mit ihrem Essen. Dann machte sich Frau Dobson daran, zu spülen, und die Mädchen rannten davon.

Ich stand neben meinem Napf und winselte und weinte, aber niemand nahm irgendeine Notiz von mir. Schließlich krabbelte ich in eine Ecke und versuchte zu schlafen. Das ging jedoch nicht. Mein Magen war einfach zu leer. Frau Dobson verstand nicht, warum ich weinte. Zuerst dachte sie, daß ich vielleicht hinaus wollte. Dann kam ich wieder herein. Sie erkannte einfach nicht, daß der Hunger mein Problem war.

Die Mädchen wurden vom Spielen hereingerufen und ins Bett geschickt. Frau Dobson fing an, ständig auf die Uhr zu sehen. Sie wartete ängstlich darauf, daß Herr Dobson und die Jungen vom Fischen nach Hause kamen.

Schließlich hörten wir ein Auto in den Hof hineinfahren, und die Jungen rannten aufgeregt in das Haus. Sie hatten soviel Neues von ihrem Ausflug zu berichten – über die Fische, die sie gefangen hatten und die, die ihnen entwischt waren. Sie wurden sehr bald ins Badezimmer geschickt, um sich zum Schlafengehen fertigzumachen. Ich versuchte Markus zu erzählen, daß ich den ganzen Tag schon nichts zu Fressen bekommen hatte. Aber er glaubte, daß ich ihm sagen wollte, wie sehr ich ihn vermißt hätte – was auch stimmte, aber mein armer Magen brummte und knurrte.

Die Jungen gingen zu Bett, und mir wurde auch gesagt, mich schlafen zu legen. Ich habe es versucht, wirklich. Ich legte mich in mein Körbchen und schloß die Augen, aber mein armer Bauch tat so weh, weil er etwas zu Fressen haben wollte. Ich winselte, und man brachte mich nach draußen. Ich weinte und wurde wieder hereingebracht. Ich weinte noch mehr und man schimpfte mich aus und legte mich in mein Körbchen.

Ich kuschelte mich hinein und versuchte mich zu beruhigen, aber mein Magen tat mir einfach zu weh. Ich war sicher, vor Hunger zu sterben, bevor die Sonne aufgehen würde. Ich legte mich mal hierhin, mal dahin, aber es half nichts. Ich winselte und weinte. Dann kam Herr Dobson.

„Hör mal, Spanky“, sagte er ganz ärgerlich. „Es ist jetzt genug. Was ist überhaupt mit Dir los? Beruhige Dich jetzt und schlaf ein, hörst Du? Ich möchte nichts mehr hören, kein

Theater mehr."

Er gab mir einen Klaps hinten drauf, und ich wußte, daß ich ruhig sein mußte. Es tat nicht wirklich weh, aber es machte mir ganz klar, daß Herr Dobson es jetzt ernst meinte.

Ich krabbelte in die hinterste Ecke meines Körbchens und war ruhig. Aber oh, wie tat mir mein Magen weh! Er zwickte und piekste mich. Schließlich konnte ich doch ein bißchen eindösen, nur um kurz später wieder mit diesem Hungergefühl und diesen Schmerzen aufzuwachen. Ich dachte, daß der Morgen nie kommen würde. Aber endlich kam er doch, und mit ihm kam Traude.

„Hallo, Spanky", rief sie und hob mich aus meinem Korb. Ich lief sofort zu meinem Napf.

„Hast Du Hunger?"

Sie öffnete eine Dose mit Hundefutter und tat etwas davon in den Napf. Ich grub mich dort hinein, mit ganzem Eifer machte ich mich über das Fressen her.

„Oh, Spanky", lachte sie. „Bist Du *so* hungrig?"

Ich hörte nicht auf zu fressen, um es ihr zu erzählen, denn ich war ganz bestimmt sehr hungrig.

Sandra kam herein.

„Guck mal, wie hungrig Spanky ist." Traude zeigte mit einem Finger auf mich, während ich mein Fressen gierig verschlang. Sandra stand stirnrunzelnd da.

„Hast Du ihn gestern gefüttert?" fragte sie schließlich.

„Hast Du ihn nicht gefüttert?"

„Ich habe es vergessen."

„Ich auch", sagte Traude langsam.

Sie sahen sich an. „Deswegen hat er die ganze Zeit geweint," sagte Sandra langsam und nachdenklich.

„Oh, Spanky." Es hörte sich an, als ob Traude weinen wollte. „Es tut mir so leid. Ich werde Dich nie, nie wieder vergessen."

Sie streichelte mich, während ich fraß.

„Jetzt friß mal nicht zu schnell, sonst bekommst Du noch Bauchschmerzen."

Ich konnte mir nicht vorstellen, daß mein Bauch noch mehr weh tun könnte, als er es schon tat.

„Das ist genug für jetzt“, sagte Sandra, während sie mich hochhob. „Jetzt gehst Du ein bißchen nach draußen, und später kannst Du dann mehr bekommen.“

Sie setzte mich nach draußen, wo ich mich in das Gras fallen ließ. Ich leckte den letzten Rest meines Fressens von meinen Lippen. Innerhalb einiger Minuten fühlte sich mein Magen auch wieder wohl. Ich war froh, daß man mich daran gehindert hatte, sofort noch mehr zu fressen. Ich vergab sogar den Mädchen, daß sie mich nicht gefüttert hatten, obwohl ich schrecklich gelitten und befürchtet hatte, diese Nacht nicht zu überstehen. Ich vergab, aber ich hoffte von ganzem Herzen, daß sich dies nicht wiederholen würde.

Ich glaube, daß ein Hund eine Menge Vertrauen zu den Menschen haben muß.

Die Kirche

25. August – Jeden Sonntag geht die Familie zur Kirche, und ich muß ganz alleine zu Hause bleiben. Sie scheinen sich in der Kirche sehr wohl zu fühlen. Sie sind immer sehr aufgeregt, dahin zu gehen und froh, wenn sie nach Hause kommen. Es kommt mir ziemlich unfair vor. Ich mag auch Sachen, die großen Spaß machen!

Wenn sonntags das Wetter schlecht war, wurde mein Körbchen in den Hinterhof gestellt und auf die Seite gelegt, damit ich kommen und gehen konnte, wie es mir gefiel. Mein Wasserschüsselchen wurde vor mich gestellt, ich erhielt auch die Frühstücksreste. Ich hatte sogar speziell für mich gekaufte Spielzeuge, auf denen ich herumkauen konnte, damit ich nicht zu sehr leiden sollte.

An schönen Tagen wurde mir erlaubt, mich draußen aufzuhalten. Wieder wurde mein Wassernapf für mich gefüllt, und die Spielzeuge wurden herausgelegt. Trotzdem fühlte ich mich betrogen. Ich wollte doch auch mit in die Kirche gehen können.

Die Kirche war ganz in der Nähe. Ich wußte das, weil sich die Familie an schönen, sonnigen Tagen oft dazu entschied, zur Kirche zu laufen, anstatt den Wagen zu nehmen.

Es schien, als ob ich schon viele Sonntage alleine zu Hause warten mußte. Es war langweilig, und ich hatte schlechte Laune. Ich wußte in meinem Herzen, daß ich bei der ersten sich bietenden Gelegenheit auch in die Kirche gehen würde.

Heute war ein warmer Sommertag mit einer ganz leichten Brise. Die Sommerblumen waren schon ganz hoch gewachsen, und ein paar Schmetterlinge flogen ziellos hin und her, von einem Blumenbeet zum nächsten.

Die Familie ging heute ein wenig früher zur Kirche, damit alle ihren Spaziergang richtig genießen konnten. Ich wurde in den Hinterhof gesetzt. Nur mein Wassernapf und ein Knochen leisteten mir Gesellschaft. Mein Ball lag auch dort, aber es machte mir keinen Spaß, wenn ihn mir niemand zuwarf. Ich fühlte mich auch nicht danach, auf meinem Knochen herumzukauen. Ich schmollte eine Weile, dann gab ich es auf und ging herüber zu Frau Dobsons Blumenbeeten, um ein wenig mit den Blumen zu kämpfen und ein paar Schmetterlinge zu verscheuchen. Die Zeit verging nur langsam. Das Spiel langweilte mich auch bald. Deshalb legte ich mich ins kühle Gras. Ich wurde durch herannahendes Kindergeschrei auf dem Bürgersteig geweckt und vermutete, daß meine Familie vielleicht nach Hause käme. Aber als ich aus dem Zaun nach draußen lukte, entdeckte ich, daß es ein paar Kinder waren, die ich nicht kannte. Sie konnten mir trotzdem gut Gesellschaft leisten. Sie zu sehen, erfüllte mich mit Freude, und ich sprang und hüpfte. Ich wedelte mit dem Schwanz und wollte sie dazu bewegen, hereinzukommen und mit mir zu spielen. Sie kamen durch das Tor in den Hinterhof und konnten sich kaum beruhigen, ein so süßes Hundchen zu sehen.

Wir rollten uns und spielten eine ganze Weile auf dem Gras. Ich zeigte ihnen, wie man einen Ball rollt und fängt, und ich dachte, daß ihnen dieses Spiel nie langweilig werden könnte.

Aber viel zu bald entschlossen sie sich, gehen zu wollen. Das Spiel war also wieder zu Ende. Ich ging hinüber, denn ich mußte jetzt unbedingt etwas trinken. Sie verschwanden, gingen den Gehweg hinunter und riefen mir noch „Auf Wiedersehen“ zu.

Erst als sie weg waren, sah ich, daß das Tor ein kleines bißchen geöffnet war. Ich konnte kaum glauben, was ich für ein Glück hatte. Ehe das Tor auch nur irgendwie eine Chance hatte, wieder zuzufallen, rannte ich hindurch auf den Fußgängerweg. Jetzt konnte ich zur Kirche gehen.

Ich wußte, in welche Richtung die Dobsons gegangen waren, und das war genug. Mit meiner Nase auf dem Boden lief ich auf dem Weg hin und her. Ich schnüffelte nach Gerüchen, die mich weiterführen konnten. Hier und da schnüffelte ich den vetrauten Hauch von einem der Dobsons, und das genügte, um mich zu führen.

Bald kam ich zu einem großen Gebäude, vor dem viele Autos parkten. Ich dachte, das muß die Kirche sein. Und in der Tat, als ich zu der Treppe kam, entdeckte ich den Geruch von Markus am Geländer.

Ich ging die Stufen hoch, aber die Tür war verschlossen. Ich rüttelte an der Tür, und da wurde sie bald geöffnet, jedoch sehr vorsichtig und neugierig. Ein großer Mann, der einen dunkelblauen Anzug trug, schaute hinaus.

Sobald er mich entdeckte, wollte er die Tür wieder schließen. Es gelang mir jedoch, gerade noch rechtzeitig hineinzuschlüpfen. Ich mußte meinen Schwanz sehr schnell hineinziehen, damit die sich schnellschließende Tür ihn nicht mehr erwischte.

Der Mann sprach schnell mit einem anderen Mann, der in der Nähe einer anderen Tür im Innern stand. Dieser Mann sah mich an und bückte sich, um mich hochzuheben.

„Komm hier Hundchen! Kleines, liebes Hundchen“, sagte er im Flüsterton!

Ich ließ mich jedoch nicht an der Nase herumführen. Wenn ich diesem Mann nachgeben würde, säße ich hier stundenlang fest und würde mit ihm spielen. Obwohl er sehr nett zu sein schien, wollte ich in diesem Augenblick wirklich nicht mit ihm spielen. Jetzt hatte ich nur einen Wunsch – Markus zu finden. Ich wollte den Mann jedoch nicht völlig enttäuschen. Ich stolzierte auf ihn zu, sprang zur Seite und lief dann wieder zu ihm. Als er seine Hände nach mir ausstreckte,

bellte ich kurz und sprang zur Seite. Ich war froh, mir die Zeit genommen zu haben, ein wenig zu spielen, bevor ich mich auf die Suche nach Markus machte. Der Mann versuchte wieder, mich zu fassen, verpaßte mich jedoch. Ich rannte durch seine Beine und durch die nächsten Türen. Ich hörte, daß der Mann hinter mir herjagte, aber ich hatte schon genug mit ihm gespielt. Deshalb sauste ich jetzt durch die vielen Sitze durch, die vor mir lagen.

Alles, was ich sehen konnte, waren unheimlich viele Beine und Schuhe. Aber keine von ihnen sahen so aus, als ob sie einem Mitglied meiner Familie gehören würden. Schließlich sah ich ein Paar, das denen ähnelte, die Frau Dobson trug, aber als ich daran schnüffelte, schrie die Dame. Es war nur ein kurzer, beherrschter Schrei. Die Dame sprang auf, als ob ich sie gebissen hätte. Ich konnte spüren, wie sich auf einmal alle Beine ziemlich bewegten. Einige wurden sogar vom Boden und aus meinem Sichtfeld gehoben. Ich zog mich zu einem sicheren Ort zurück und wartete darauf, daß alle Beine wieder in ihre frühere, richtige Position zurückkamen.

Nach ein paar Minuten schlich ich mich unter der Bank an etwas Höhergelegenes heran. Es war ein weiter Gang, an dem auf beiden Seiten Sitze voller Menschen waren. Am Ende dieses Ganges befand sich ein höher gelegenes Podium, und dort stand ein Mann, der zu den Leuten sprach.

Ich fragte mich gerade, ob ich dahingehen und mit ihm sprechen sollte, als ich den Mann von der Tür und den Mann, mit dem ich gespielt hatte, langsam den Gang herunterkommen sah. Sie schauten zuerst nach rechts und dann nach links. Zur selben Zeit entdeckte ich jemanden in den gegenüberliegenden Sitzen, der wie Markus aussah. Ich entschied mich, dorthin zu flitzen.

Sobald sich meine Nase zeigte, raste der Spiel-Mann nach vorne, um mich zu ergreifen. Der Tür-Mann sah mich auch, und jetzt wollte auch er spielen. Ich haßte es, sie enttäuschen zu müssen, denn sie waren beide so nett. Wenn ich Zeit gehabt hätte, würde ich wohl mit ihnen gespielt haben. Ich wollte aber zuerst Markus wissen lassen, daß ich zu ihm in die Kirche gekommen war.

Ich wich dem Spiel-Mann aus und lief in den Gang. Die Männer stürzten gleichzeitig auf mich zu, aber anstatt mich zu fangen, stießen sie zusammen. Der Spiel-Mann landete auf seinem Bauch mitten auf dem Gang. Ein lustiges Brummen entwich ihm, als er auf dem Teppich landete. Ich hörte ein Kind schreien, „Hundchen". Es war eine fröhliche Stimme, aber ich hielt nicht einmal an, um es zu begrüßen.

Ich fand Markus. „Spanky", flüsterte er und ging mit seiner Hand nach unten, um mein Halsband zu ergreifen und mich in meiner Aufregung zu beruhigen.

Der Mann vorne auf dem Podium hatte aufgehört zu reden. Er sah sehr verblüfft auf die zwei Männer, die sich immer noch im Gang befanden. Der eine Mann hatte seine Brille wiedergefunden und kämpfte damit, wieder auf die Beine zu kommen. Der andere Mann erhob sich auch gerade und glättete sorgfältig seinen Anzug. Beide Männer hatten sehr rote Gesichter. Sechs Gesichter schauten zu mir herunter, und sie wurden auch rot.

Der Mann vorne sprach wieder, und es war ein Lächeln in seiner Stimme.

„Anscheinend haben wir heute morgen einen 'Besucher'. Es tut mir leid, meine Herren, daß Sie einen kleinen Unfall hatten. Wenn es jemandem gelingt, unseren kleinen 'Gast' zu schnappen, hat er meine Erlaubnis, ihn still zu entfernen."

Ich kuschelte mich an Markus. Herr Dobson flüsterte mit heiserer Stimme: „Markus, nimm Spanky und bring ihn nach Hause."

Markus hielt mich ganz fest und brachte mich aus der Kirche. Ich war enttäuscht. Ich hatte Markus gefunden – dafür war ich dankbar – aber ich wäre so gerne länger in der Kirche geblieben. Es machte wirklich viel Spaß, dort zu sein – alle diese Leute spielten mit einem, und dann dieser Mann auf dem Podium vorne mit der lachenden Stimme. Kein Wunder, daß meine Familie so gerne in die Kirche ging.

Ich hoffe, einmal wieder hingehen zu können, aber ich nehme an, daß das Tor von jetzt an doppelt gesichert sein wird.

Nero

28. August – Heute war ich im Hinterhof, als ich eine Bewegung im Garten unserer Nachbarn bemerkte. Ich stand da und sah sorgfältig hin. Zwischen den Möhren schlich sich ein schwarzes, geschmeidiges Etwas heran. Es schien auf ein Rotkehlchen zugehen zu wollen, das überhaupt nichts davon bemerkte, während es im Kartoffelfeld an einem Wurm pickte und zerrte.

Es dämmerte mir langsam, daß dieses „Etwas“ ein Kater war, der beabsichtigte, dieses Rotkehlchen zu fangen. Ein Rotkehlchenpaar hatte zu Beginn des Jahres ein Nest in unserer Fichte gebaut. Ihre Jungen waren jetzt schon erwachsen, aber sie waren noch sehr oft in unserem Garten. Diese Rotkehlchen gehörten zu *meiner* Familie, und dieser schwarze Kater hatte kein Recht, sich in meine Angelegenheiten zu mischen.

In dem Moment, als der Kater springen wollte, rannte ich zum Zaun, bellte und sprang herum. Dies hatte die gewünschte Wirkung. Der aufgeschreckte Vogel flog davon. Er muß sich gewundert haben, warum ich auf einmal zum Feind wurde, nachdem ich doch sein Freund gewesen war – es sei denn natürlich, daß er den schwarzen Kater gesehen und erkannt hätte, was beinahe geschehen wäre.

Das Rotkehlchen flog zu einem nahegelegenen Baum und saß ärgerlich schimpfend da. Es dachte wahrscheinlich an den fetten Wurm, der entkommen konnte. Der Kater streckte sich zu seiner vollen Größe und warf mir einen verächtlichen Blick zu. Ich hatte ihn bei seiner Jagd gestört, und es war eindeutig, daß er darüber nicht gerade erfreut war. Ich wich ihm nicht aus, sondern klagte ihn böse an: „Das ist unser Rotkehlchen – laß es zufrieden."

Er schien noch größer zu werden – vielleicht, weil seine Haare zu Berge standen.

Er fauchte: „Kein Rotkehlchen gehört *Dir* . Du frißt noch nicht einmal Rotkehlchen, wie kannst Du es dann Dein nennen?"

„Es gehört zu meiner Familie", fuhr ich fort, „und Rotkehlchen sind nicht zum Fressen da."

„Oh, ja", sagte der Kater wütend, „und wozu *sind* sie da?"

„Zum Ansehen."

„Zum Ansehen. Das ist das Dümmste, was ich je gehört habe. Wer hat je seinen Magen nur durch das Ansehen von etwas gefüllt?"

„Du brauchst dieses Rotkehlchen nicht, um Deinen Magen zu füllen. Du hast eine Familie, die Dich füttert."

„Sie wollen, daß ich meinen Lebensunterhalt verdiene. Es wird von mir erwartet, daß ich auf die Jagd gehe."

„Aber nicht, daß Du Rotkehlchen jagst."

„Und warum keine Rotkehlchen?" Er war immer noch böse auf mich.

„Rotkehlchen schaden niemandem. Meine Leute mögen sie."

„Deine Leute haben ja auch kein Erdbeerbeet."

Ich merkte, daß unsere Unterhaltung zu keinem Ergebnis führte. Der Kater fauchte noch wie wild, und ich war auch noch sehr aufgebracht.

„Deine Familie hält ja auch die Erdbeeren bedeckt, wenn es reife Beeren gibt", entgegnete ich.

Er sah mich böse an.

„Sie würden sich nicht all diese Arbeit machen, wenn es nicht diese Rotkehlchen gäbe", sagte er.

Ich war des Streitens überdrüssig. Er war immer noch

zornig. Jetzt wollte ich es auf die friedliche Weise versuchen.

„Wenn Du sehr hungrig bist“, sagte ich, „gibt es noch was in meinem Napf zu fressen. Du kannst es haben, wenn Du möchtest.“

Er sah mich verächtlich an.

„*So* hungrig bin ich auch wieder nicht“, sagte er und drehte mir den Rücken zu. Er begann, sich seine Pfote zu lecken und sein Gesicht zu waschen. Ich legte mich in das kühle Gras und beobachtete ihn.

Nach einer Weile schien er seinen Ärger zu überwinden, er beachtete mich jedoch noch nicht. Schließlich nahm ich allen Mut zusammen, wieder mit ihm zu reden.

„Wie heißt Du?“

Er zögerte, und ich glaubte, daß er mir vielleicht gar nicht antworten würde. Aber nach einer Weile streckte er sich, sah mir direkt in die Augen und war ganz mit Stolz aufgeblasen, als er dieses eine Wort aussprach: „Nero.“

„Nero“, wiederholte ich. Ich dachte, daß dies ein besonders schöner Name sein mußte, weil er sich so besonders benahm. Trotzdem hatte ich noch nie zuvor von jemandem gehört, der so hieß.

„Und vergiß nicht“, sagte er arrogant und stellte sich hoch. „Bedenke, Hundchen – wir sitzen hier als Nachbarn fest. Ich glaube, wir können nichts daran ändern. Wenn es jedoch keine Probleme geben soll, dann ist es am besten, wenn wir uns nicht in die Angelegenheiten des anderen einmischen – verstanden? Du läßt mich in Ruhe und ich Dich, okay?“

Ich denke, daß ich ziemlich gut verstand, was er damit sagen wollte, aber ich stellte mich dumm.

„Das heißt?“

„Das bedeutet“, sagte der schwarze Nero, „daß Deine Nase zerkratzt wird, wenn Du sie in meine Angelegenheiten steckst.“

Er zischte das letzte Wort so heraus und sah mich mit einem letzten, haßerfüllten Blick an. Dann streckte er sich zu seiner vollen Größe und ging auf seine Veranda zu.

„Und Du läßt in Zukunft die Rotkehlchen in Ruhe“, rief ich ihm noch hinterher.

Er wandte sich um und starrte mich an. Dann sprang er ganz leicht auf das Geländer der Veranda und ließ sich auf der anderen Seite herunter. So weit also mit „gutnachbarlichen Beziehungen“.

Er war noch nicht lange weg, als ich allmählich von meinen zornigen Gefühlen frei wurde. Wenn ich ein Kater wäre und ein Hund mir mein Essen verjagt hätte, wäre ich wahrscheinlich auch ein wenig böse gewesen. Ich legte mich hin und kaute an meinem Knochen, während ich die Sache noch weiter durchdachte. Vielleicht hatte Nero recht, sich darüber aufzuregen – denn wir waren ja Nachbarn. Ich faßte den Entschluß, mich das nächste Mal, wenn ich ihn sehen würde, bei ihm zu entschuldigen – na ja, vielleicht ein bißchen. Zumindest würde ich versuchen, etwas liebenswürdiger zu sein.

Ich stieß meinen Knochen beiseite und bewegte mich Richtung Hoftor. Ich entschied mich, Nero zu vergeben und die ganze Sache zu vergessen. Ich bin sicher, daß es viel netter ist, wenn man mit seinen Nachbarn gut auskommt.

Die Schule

1. September – Schule. Dieses Wort habe ich in den letzten Tagen so oft gehört. Die Kinder sind wegen der Schule alle so aufgeregt, daß ich es auch kaum mehr erwarten kann, dorthin zu gehen. Sie haben Bücher, Stifte und Kreide, die alle zum Mitnehmen für die Schule bereitgelegt wurden. Sie haben auch neue glänzende Dosen für ihr Mittagessen, auf denen ihre Namen stehen. Für Traude liegt sogar eine neue Jeans und eine neue Bluse auf ihrem Bett, und Markus hat neue Turnschuhe, in die er nur noch hineinschlupfen muß. Ich glaube, daß ich einfach so gehen muß, wie ich bin.

2. September – Der heutige Tag kam mir wie 100 Jahre lang vor, und ich bin so erschöpft, daß ich kaum meinen Kopf hochhalten kann. Nie wieder möchte ich das erleben, was ich heute erlebt habe. Aber ich sollte von Anfang an erzählen.

Sobald die Kinder aufgestanden waren – und das war viel früher als gewöhnlich – befand sich das Haus in wilder Aufregung und war voller Aktivität. Ich konnte mich kaum zurückhalten und sauste hin und her von einem Zimmer in das andere. Während ich jedem zusah, wie er sich für die Schule fertigmachte, sprang ich umher und bellte kurz und aufgeregt. Ich konnte kaum warten, loszurennen. Wißt ihr, was sie mit den glänzenden Dosen machten? Sie packten sie voll mit Butterbroten, Obst, Schokoladenkeksen und Milch. Ich habe nicht gesehen, daß sie Hundefutter einpackten, aber es machte mir nichts aus, von ihren Schokoladenkeksen zu essen und ihre Milch zu trinken.

Sie frühstückten, und jeder war so aufgeregt, daß er kaum essen konnte. Ich schlang mein Essen hinunter und wartete dann an der Tür.

Schließlich schien es, daß alle zum Gehen fertig waren. Sie standen da in ihren neuen Kleidern, bepackt mit ihren neuen Lunch–Paketen und ihren Schulranzen, in denen sich alle erforderlichen Sachen befanden. Sie sahen abwechselnd auf die Uhr und auf die Straße vor ihrem Haus. Frau Dobson lachte.

„Ihr seid viel zu früh fertig", sagte sie. „Jetzt müßt ihr hier stehen und warten."

Sie lachten auch, aber sie wurden sehr zappelig und unruhig, als sie nur da herumstanden. Ich konnte nicht verstehen, warum wir nicht einfach losgingen.

Schließlich, nach einer wahnsinnig langen Zeit, schrie Markus: „Da kommt er." Ein gelber Bus fuhr die Straße hinunter.

Sie riefen alle ihrer Mutter ein schnelles „Tschüß" zu und rannten zur Tür. Einen Augenblick lang wunderte ich mich, warum sie nicht traurig darüber waren, ihre Mutter zu verlassen, wie ich es damals gewesen war. Ich wußte, daß sie alle ihre Mutter sehr liebten. Trotzdem schienen sie nur aufgeregt zu sein, endlich zur Schule zu gehen und sie zurückzulassen. Ich konnte nicht verstehen, warum sie nicht mitkam, wußte ich doch, daß ich sie vermissen würde. Ich blieb stehen, um sie noch einmal lange anzusehen, und winselte. Das war mein Fehler. Die Kinder rannten durch die Tür, und als ich hinter ihnen hereilen wollte, stoppte mich Georg.

„Spanky, Du kannst nicht mit", sagte er.

Er nahm mich auf den Arm und gab mich weiter an Frau Dobson. „Du hältst ihn besser fest, bis wir weg sind."

Sie nahm mich und schloß die Tür fest hinter den davoneilenden Kindern, die ein letztes Mal „Auf Wiedersehen" gerufen hatten. Ich konnte es nicht fassen. Sie hatten bestimmt geplant, mich mitzunehmen. Da muß irgendwie etwas schiefgelaufen sein, dachte ich. Ich war auch aufgeregt gewesen. Ich hatte mich besonders mit meinem Frühstück beeilt, um auch fertig zu sein. Ich hatte mich so sorgfältig gewaschen, wie ich konnte – und wer sollte jetzt all die Milch trinken?

Ich krümmte und wand mich und versuchte, mich aus Frau Dobsons Armen zu befreien; ich bellte und wackelte in meiner Aufregung. Sie hielt mich einfach fester und ging mit mir zu einem Fenster, wobei sie mich direkt über diesen verbotenen Teppich trug, ohne überhaupt daran zu denken.

Draußen sahen wir alle vier Kinder, die auf dem Bürgersteig darauf warteten, daß der gelbe Bus vor ihnen halten würde. Das tat er dann auch, und der Busfahrer öffnete diese seltsame Falltüre. Sie sprangen die Stufen hinauf und waren viel zu aufgeregt, um sich noch einmal umzudrehen und sich nach dem Haus umzusehen. Von unserem Standort aus konnten wir hören, wie sie ihre Freunde fröhlich begrüßten.

Ich bewegte mich ganz unruhig in den Armen von Frau Dobson. Ich mußte mich beeilen, sonst wäre es zu spät gewesen, und sie würden nicht mehr ihren Fehler einsehen, mich vergessen zu haben.

Die Hände von Frau Dobson hielten mich ganz fest. „Spanky“, sagte sie. „Du must Dich jetzt daran gewöhnen. Sie müssen ab heute in die Schule gehen. Der Sommer mit dem vielen Spielen ist vorüber. Ich weiß, Du wirst sie vermissen, ich übrigens auch.“

Sie setzte mich auf den Boden, und ich rannte zur Tür und weinte. Als sie meinem Weinen keine Beachtung schenkte, begann ich zu kratzen.

„Hör mal, Spanky“, schimpfte sie. „Das kommt nicht in Frage. Ich möchte nicht, daß die Tür ganz zerkratzt ist. Komm jetzt, sei ein gutes Hundchen. Du kannst nicht mit ihnen gehen.“

Sie hob mich hoch und streichelte mein Ohr, um mich abzulenken; dann setzte sie mich in mein Körbchen.

„Leg Dich jetzt ein bißchen hin und schlaf ein wenig. Dann

wird der Tag schneller vergehen. Sei jetzt ein gutes Hundchen. Sie werden eher zu Hause sein, als Du es Dir vorstellen kannst."

Da traf es mich wie ein Schlag. Es war mir wirklich nicht erlaubt, mit in die Schule zu gehen. Die Menschen glaubten, daß die Schule etwas für Kinder sei, aber nicht für Hunde – ebenso wie die Kirche. Aber woher wollte Frau Dobson wissen, daß es mir in der Schule nicht gefallen würde. Die Kirche hatte mir gefallen, aber das hatte auch nichts verändert – mir wurde immer noch nicht erlaubt, wieder dorthin zu gehen. Vielleicht würde mir die Schule auch gefallen, wenn man mir nur eine Chance gäbe.

Ich war froh zu hören, daß die Kinder nicht in der Schule bleiben, sondern nach Hause zurückkommen würden. Ich vermutete, daß das auch der Grund dafür war, warum es ihnen nichts ausmachte, ihre Mutter und mich zu verlassen. Aber ich fühlte mich immer noch allein. Das Haus war so ruhig, und Frau Dobson spielte nicht viel mit mir.

Sie beschäftigte sich mit dem lauten Staubsauger, und ich krabbelte in die hinterste Ecke meines Körbchens, wo ich zu schlafen versuchte. Es hatte keinen Zweck zu weinen – der Staubsauger war so laut, daß sie mich sowieso nicht hören würde. Aber ich konnte auch bei all dem Lärm nicht schlafen. Schließlich gab ich beides auf, lag einfach da und bemitleidete mich selbst.

Nach einer mir unendlich lang erscheinenden Zeit machte Frau Dobson endlich diese laute Maschine aus. Ich fragte mich, ob es schon Zeit war, daß die Kinder von der Schule nach Hause kommen würden. Ich stellte mich auf meine Hinterbeine, kratzte an meinem Korb und winselte.

„Möchtest Du für eine Weile nach draußen?" fragte Frau Dobson, während sie mich sanft aus dem Korb heraushob und zur Tür trug.

„Hier, mein Kleiner. Geh und spiel ein bißchen."

Ich wartete, bis die Tür geschlossen wurde und lief dann sogleich zum Gartentor. Vielleicht hatte Markus es für mich

offen gelassen, damit ich ihm in die Schule folgen konnte. Leider war es nicht so, es war fest verschlossen. Das Schloß hielt auch noch stand, als ich dagegen sprang und mit meiner ganzen Kraft dagegendrückte.

Wie besessen rannte ich überall im Garten herum und suchte nach einer Möglichkeit herauszukommen. Wenn ich nur wegkommen könnte, würde ich bestimmt den großen gelben Bus finden, der die Kinder zur Schule fuhr.

Als ich gerade aufgeben wollte, erinnerte ich mich an die Blumenbeete. Der Boden dort war sehr weich. Ich hatte dort oft nur so zum Spaß gegraben, aber wenn ich ein Loch unter den Zaun graben könnte, könnte ich mich vielleicht hindurchzwängen. Ich ging gleich an die Arbeit, und tatsächlich gelang es mir ziemlich schnell, unter dem Zaun hindurchzukriechen.

Ich rannte zum Bürgersteig, aber der gelbe Bus war nirgends zu sehen. So stand ich einen Augenblick still da, um mich zu orientieren. Dann begann ich, in die Richtung zu laufen, wohin ich sie hatte wegfahren sehen. Ich schnüffelte mit meiner Nase auf dem Boden in der Hoffnung, irgendeinen Geruch zu erhaschen, der mich leiten könnte. Aber ich schnupperte nur eine verwirrende Mischung von Reifen–, Auspuff– und Betongeruch. Ich mußte also meinem Instinkt folgen.

Ich rannte eine lange Zeit, bis ich Seitenstiche hatte und mir die Zunge heraushing, aber den gelben Bus konnte ich immer noch nicht entdecken. Ich war gezwungen, mein Tempo zu verlangsamen. Mein Herz pochte wild in meiner Brust, als ob es meine Haut durchhämmern wollte. Ich fragte mich, ob ich umdrehen, nach Hause gehen und einfach den langen Tag abwarten sollte, bis die Kinder zurückkehrten, aber das war kein angenehmer Gedanke. Ich wollte sie so gerne finden, so gerne in die Schule gehen und an ihrer freudigen Erregung teilhaben. Deshalb schleppte ich mich langsam weiter.

Ich habe mich verirrt

2. September (Fortsetzung) – Ich entschied mich, eine Seitenstraße zu versuchen. Vielleicht war der große, gelbe Bus hier abgebogen. Bei der nächsten Kreuzung ging ich nach rechts und dann langsam eine Straße mit vielen Häusern hinunter.

Als ich gerade an einem der Häuser vorbeiging, hörte ich eine Bewegung. Ich sah auf und bemerkte einen riesigen Hund, der einen Satz auf mich zumachte. Mein Herz hörte fast auf zu schlagen, und ich wäre beinahe auf der Stelle umgefallen, weil ich das Gefühl hatte, daß dies sicher mein Ende war. Er war so groß und sah so zornig aus, und sein Knurren hörte sich so bösartig an.

Ich schloß meine Augen, um diese schreckliche Szene zu vergessen. Ich wollte nicht mit ansehen, wie ich geschnappt, wie ein Toter geschüttelt und wieder auf den Bürgersteig geworfen würde.

In diesem Augenblick vernahm ich ein lautes, krachendes Geräusch, woraufhin ich meine Augen nur ein bißchen öffnete. Der große Hund war gegen einen hohen Drahtzaun geknallt, und Wunder über Wunder, der Zaun hatte ihn gehalten. Er warf sich immer wieder dagegen, aber der Zaun hielt ihn fest.

Ich raffte mich auf meine schlotternden Beinen und ging weiter den Weg entlang. Während ich so lief, wuchs mein Mut zusehends. Ab und zu riskierte ich einen Blick über meine

Schulter, um zu sehen, ob der Zaun immer noch seine Aufgabe erfüllte. Er war sicher. In diesem Augenblick beschloß ich, so schnell ich konnte aus dieser Gegend zu verschwinden. Ich rannte fast blind los, überquerte die breite Straße, als ob der große Hund mir wirklich auf den Fersen wäre. Es wurde gehupt, Reifen quietschten, und Menschen schrien mich aus schnell vorbeifahrenden Autos an. Einem Paar Reifen entkam ich mit knapper Not. Und der Schrecken über all das ließ mir die Haare zu Berge stehen. Es war fast mehr, als ich aushalten konnte. Sobald ich das sichere, grüne Gras neben dem Bürgersteig erreicht hatte, krabbelte ich unter einen niedrig gewachsenen Busch. Ich ließ mich auf den Boden fallen, völlig außer Atem und bebend vor Angst. Mich plagten Seitenstiche, meine Pfoten schmerzten, ich hatte Angst und Durst. Ich lag dort so ruhig, wie ich konnte und fragte mich, was ich als nächstes tun sollte. Das Blut wurde in mein Gehirn gepumpt, so daß ich kaum nachdenken konnte. Ich beschloß, mich in diesem Augenblick nur auszuruhen, bis ich wieder normal denken könnte. Später würde ich dann schon herausfinden, was zu tun war. Wie sehr sehnte ich mich nach einem kühlen Getränk! Meine Zunge schien für meinen Mund zu groß zu sein. Ich fühlte mich, als ob ich innerlich nie wieder abkühlen würde. Ich schloß meine Augen und lag eine lange Zeit ganz still da.

Allmählich ließ das Seitenstechen nach, und mein Körper kühlte sich ein wenig ab. Ich hatte immer noch Durst. Ich brauchte so dringend etwas zu trinken, ich war jedoch nicht sicher, wo ich etwas finden sollte. Ich konnte nicht einfach an diesem Ort bleiben. Ich mußte entweder den gelben Bus oder die Schule finden – oder nach Hause gehen.

Ich krabbelte unter dem kühlen Busch hervor und begann, ganz langsam den Bürgersteig hinunterzulaufen. Die Sonne stand schon hoch am Himmel, und mein Bauch sagte mir, daß es schon Nachmittag sein mußte. Es schien jedoch nirgendswo etwas zu essen zu geben, noch nicht einmal etwas zu trinken.

Da fand ich einen Platz, wo ich den Duft eines guten Essens in der Luft spüren konnte. Einige Menschen saßen draußen an Tischen und aßen. Mama hatte uns alle gelehrt, nicht am Tisch zu betteln. Deshalb hielt ich mich abseits, bis die Leute mit dem Essen fertig waren und rannte dann dorthin. Ich schnüffelte unter dem Tisch herum, aber alles, was ich fand, war eine zertretene Kartoffelschale. Es gab kein Wasser.

Es kamen noch mehr Leute. Ich wartete, bis sie mit dem Essen fertig waren. Wieder hinterließen sie nicht viel Eßbares. Andere Leute kamen und gingen. Wieder gaben sie mir nichts zu fressen. Ich kam zu dem Schluß, daß ich sie auf mich aufmerksam machen mußte, wenn ich etwas von ihnen bekommen wollte. Sie mußten merken, daß ich da war – und daß ich hungrig war. Ich ging also zu einem Tisch, an dem zwei Männer saßen. Ich bettelte nicht wirklich. Ich lehnte mich nur gegen eines der Männerbeine, um mich bemerkbar zu machen. Damit war ich erfolgreich, aber mir wurde nichts von seinem Mittagessen abgegeben. Stattdessen jagte er mich weg. Als ich zögerte wegzugehen, warf er kleine Kieselsteine nach mir. In dem Augenblick ging ich – ich wußte, daß ich hier kein Fressen finden würde.

Der lange Tag zog sich endlos hin. Ich war gezwungen, die Hoffnung aufzugeben, den gelben Bus oder die Schule zu finden und faßte den Entschluß, nach Hause zu gehen. Ich haßte es, mich geschlagen zu geben, aber ich war so durstig und müde, daß schon das Wort „Zuhause" so wunderbar gut klang. Ich machte mich also auf den Weg nach Hause.

Ich war noch nicht weit gegangen, als ich merkte, daß dies gar nicht der Weg nach Hause war. Ich hatte mich hoffnungslos und hilflos verirrt. Was sollte ich jetzt tun? Ein seltsamer Angstkloß umschloß langsam meinen Magen.

Würde ich meine Familie je wiederfinden? Wo sollte ich etwas zum Fressen finden? Wo würde ich schlafen? Mich erfaßte völlige Panik. Ich war verzweifelt: ich mußte sie einfach wiederfinden.

Den ganzen langen Nachmittag suchte ich, in der einen Straße, dann in der nächsten, in Alleen und auf Seitenstraßen. Nichts sah mehr vertraut aus. Ich bekam sogar den Verdacht, daß meine Suche mich immer weiter von zu Hause wegtrieb und nicht näherbrachte. Trotzdem gab ich nicht auf.

Ich war so durstig, daß meine Gedanken, Wasser zu finden, zunächst wichtiger wurden als die Gedanken an mein Zuhause. Wenn ich je nach Hause zurückfinden wollte, mußte ich zuerst Wasser finden. Ich schleppte mich mühsam weiter, meine Augen und Nase suchten.

Der Geruch von Wasser zog mich nach rechts, und ich eilte vorwärts. Eine Dame bewässerte ihr Blumenbeet im Vorgarten. Dankbar sprang ich zu dem Ort, wo der Schlauch eine kleine Pfütze auf dem Weg vor dem Haus zurückgelassen hatte. Eine große, orangefarbene Katze saß faul hingestreckt auf den Stufen der Veranda. Als ich zu dem Wasser lief, mißverstand die Katze das, sprang auf ihre Füße, machte einen Buckel und fauchte mir unangemessen laut entgegen. Wahrscheinlich glaubte die Dame, daß ich hinter ihrer Katze her sei. Deshalb wandte sie sich schnell um und richtete den Wasserschlauch direkt auf mich. Das kalte, harte Wasser spritzte mir ins Gesicht.

„Hau ab hier, raus!“ schrie sie. Ich drehte mich um und lief.

Ich war so nahe am Wasser gewesen, und doch hatte man es mir verweigert. Ich setzte mich und leckte die letzten Tropfen von meinem Fell. Das half ein bißchen, aber ich wünschte mir so sehr, meine Nase in eine tiefe Schüssel voll kühlen Wassers oder Milch zu stecken und zu trinken und trinken.

Nachdem ich die letzten Wasserreste aus meinem Fell abgeleckt hatte, lief ich wieder los.

Kinder schrien mich an, Autos hupten, wenn ich eine Straße überquerte, Hunde bellten und brummten, Katzen wandten sich entweder ab und liefen weg oder bedrohten mich mit ausgestreckten Krallen. Ich ging ihnen, so weit ich

konnte, aus dem Weg und suchte weiter den Nachhauseweg. Ich war jetzt viel vorsichtiger mit dem Straßenverkehr und versuchte, auf eine Lücke in den Autoketten zu warten, bevor ich es wagte, die Straße zu überqueren. Trotzdem – mein Herz schlug jedes Mal schneller, wenn ich mich einem Bordstein näherte.

Es wurde langsam dunkel, und ich hatte am ganzen Körper Schmerzen. Trotzdem trottete ich weiter. Ich hatte fast alle Hoffnung aufgegeben, jemals meine Familie wiederzufinden, und ich war sehr traurig. Sogar trauriger, so glaube ich, als in dem Augenblick, als ich meine Mama verlassen mußte, denn jetzt hatte ich niemanden mehr. Würden sie mich vermissen? Würde Markus traurig sein, daß er seinen Hund verloren hatte, so wie der Junge, der traurig war, weil er seinen Ball verlor? Ich war nicht so sicher, aber irgendwie hatte ich das Gefühl, zu Hause vermißt zu werden.

Ich schickte mich gerade an, unter die schattigen Zweige eines niedrigen Busches in einem Vorgarten zu kriechen und mich in den Schlaf zu weinen, als ich glaubte, meinen Namen zu hören. Ich spitzte meine Ohren und hörte angestrengt hin. Da vernahm ich den Ruf wieder.

Ich sah die Straße hinunter – da kam der Wagen der Familie Dobson. Herr Dobson fuhr sehr langsam, und Markus und Georg saßen an offenen Fenstern und riefen abwechselnd: „Spanky, komm hierher, Spanky!“

Ich wurde wieder lebendig und rannte bellend und mit dem Schwanz wedelnd auf sie zu. In meiner Aufregung vergaß ich fast, auf die vorbeifahrenden Autos zu achten. Im letzten Moment sah ich noch genau nach rechts und links, und dann sauste ich über die Straße zu dem Auto der Dobsons. Das Auto stoppte ganz plötzlich, und Markus sprang heraus.

Er nahm mich auf seinen Arm und hielt mich ganz nah an sich heran, so nahe, daß ich kaum mein Glück darüber, ihn zu sehen, durch Schwanzwedeln ausdrücken konnte. Ich war noch nie so froh gewesen, jemanden in meinem Leben zu sehen. Er umarmte mich, und ich küßte ihn, leckte seine Nase, sein Ohr, seine Wangen – wo immer meine Zunge hinkam.

„Oh, Spanky, wo warst Du nur? Wir haben überall nach Dir gesucht."

Ich wollte ihm sagen, daß ich auch überall gesucht hatte, aber ich wußte nicht wie.

„Wir sollten uns jetzt beeilen, Markus", sagte Herr Dobson. „Deine Mutter wartet auf uns mit dem Abendessen."

Wir krabbelten ins Auto und kamen nach Hause. Ich war so glücklich, meine eigene Familie, mein Haus, meinen Garten und mein eigenes Bett zu sehen. Aber ich war auch so müde, daß ich kaum lange genug wach bleiben konnte, um die schöne, kühle Milch zu trinken und meinen leeren Bauch zu füllen. Ich kuschelte mich auf den weichen, alten Mantel in die Ecke meines Körbchens und bereitete mich aufs Schlafen vor.

„Ich befürchte, daß Du für Spanky eine Kette besorgen und ihn anbinden mußt, bis er sich daran gewöhnt hat, daß Du in die Schule gehst. Wir wollen nicht, daß das noch einmal geschieht", sagte Herr Dobson.

Ich wünschte, ihm sagen zu können, daß er sich keine Sorgen zu machen brauchte. Ich würde nie, nie wieder alleine von zu Hause weggehen, noch nicht einmal um den gelben Schulbus zu finden. Ich zog mein eigenes Zuhause bellenden Hunden, fauchenden Katzen, kreischenden Reifen und Schläuchen mit eiskaltem Wasser vor.

Ich konnte ihm das jedoch nicht sagen. So schlief ich zufrieden ein. Wenn sie mich an die Kette legen wollten, dann war ich damit einverstanden.

Der Bauernhof

20. September – Die Kinder sind jetzt schon seit einiger Zeit zur Schule gegangen. Ich bin immer traurig, wenn ich sie weggehen sehe. Aber ich weiß jetzt auch, daß sie nach einigen Stunden wieder zu Hause sind und mit mir spielen werden.

Ich bin jetzt schon groß, aber immer noch ein wenig tolpatschig. Irgendwie wollen meine Füße oft nicht so wie ich.

25. September – Markus ist wirklich ganz aufgeregt. Herr Dobson sagte, daß wir am Samstag alle auf den Bauernhof fahren. Die Kinder jubelten, aber Markus scheint der Glücklichste von allen zu sein. Seine Verwandten leben auf dem Bauernhof, und er sagt, daß er es kaum erwarten kann, sie wiederzusehen. Markus hat mir versprochen, daß ich auch mitgehen darf. Ich bin froh, daß es sich diesmal anders verhält als bei der Kirche oder Schule. Ich kann es kaum erwarten. Ich war noch nie auf einem „Bauernhof".

27. September – Morgen ist der Tag, an dem die Familie zu dem Bauernhof fährt. Es muß da viel mehr los sein als in der Kirche oder der Schule, weil Herr und Frau Dobson auch mitkommen. Ich frage mich, ob wir alle in dem großen, gelben Bus fahren werden. Ich bin nicht sicher, wo sich dieser Bauernhof befindet.

28. September – Heute wurde ich aus meinem Körbchen gezerrt, bevor ich überhaupt Zeit hatte, aufzuwachen. Markus war so aufgeregt, zu dem Bauernhof zu fahren, daß

er nicht mehr schlafen konnte. Deshalb kam er, um mich zu holen. Schließlich weckte er den Rest der Familie auf. Nach einem übereilten Frühstück waren wir zur Abfahrt bereit. Markus nahm mich auf den Arm und trug mich zum Auto. Ich war so froh, mit ihnen fahren zu dürfen. Deshalb war ich so aufgeregt, daß Markus mich beinahe fallen ließ.

„Wir fahren zum Bauernhof, Spanky."

Ich war ziemlich enttäuscht, nicht mit dem gelben Bus fahren zu können, aber ich fahre auch gerne mit dem Auto.

Die Fahrt dauerte ziemlich lange, aber sie wurde mir nicht langweilig. Ich saß auf Markus' Schoß, meine Vorderbeine gegen das Fenster gelehnt, und beobachtete alles, woran wir vorbeifuhren.

Wir sahen ein paar große Hunde, und ich bellte sie an. Ich fühlte mich ziemlich sicher aus dieser Position heraus, saß ich doch hinter Glas und in einem fahrenden Auto. Ich fühlte mich so gut dabei.

Wir fuhren an allen Häusern und großen Gebäuden der Stadt vorbei, um dann auf einer stark befahrenen Straße mit vielen Autos an beiden Seiten von uns die Stadt zu verlassen. Nach einer Weile war die Straße nur noch weniger befahren. Dann bogen wir ab und kamen auf eine ganz enge Straße.

Als wir auf dem Bauernhof ankamen, war ich auch voller freudiger Erregung. Er war so groß, und es gab so viel zu sehen, daß ich es kaum erwarten konnte, auf Entdeckungsreise zu gehen. Ich glaube, daß Markus sich genauso fühlte, denn er war schon aus dem Auto herausgesprungen, als es noch nicht ganz stand. Er wurde von einem Vetter in seinem Alter begrüßt. Nachdem sie sich einige Male freundschaftlich auf den Rücken geklopft hatten, gingen sie zum Viehstall und sprachen angeregt miteinander. Es gab noch andere Verwandte. Die anderen Dobson Kinder gingen in verschiedene Richtungen mit ihnen. Die älteren Dobsons wurden von den erwachsenen, anderen Dobsons zum Kaffee ins Haus eingeladen.

Ich stand da und beobachtete, wie alle Leute langsam verschwanden. Ich fragte mich, wohin ich zuerst gehen sollte. Meine Nase nahm so viele neue Dinge auf, die ich noch nie zuvor gerochen hatte. Sie riß mich fort, so begierig war sie, jedes neue Ding kennenzulernen.

Ich steuerte das Haus an und hätte beinahe einen großen braunen Hund überlaufen, der im Schatten lag. Ich stoppte ruckartig meinen Lauf und fragte mich, welche Konsequenzen mein Verhalten nach sich ziehen würde. Die große Hündin wedelte jedoch nur achtlos mit ihrem Schwanz und schlief weiter. Da wurde ich schon mutiger und ging langsam vorwärts. Sie war eine alte Hündin und beabsichtigte in keiner Weise, einen eigensinnigen Hund wie mich zu bestrafen. Ich versuchte, sie zu ermutigen, mit mir zu spielen, aber ich merkte, daß sie nicht streitsüchtig war, sondern mich einfach links liegen ließ. Obwohl sie freundlich war, war es auch ganz eindeutig, daß sie allein sein wollte. Sicher konnte ich etwas Interessanteres finden, als eine alte Hündin zu besuchen, selbst wenn sie zu meiner Rasse gehörte. Deshalb verließ ich sie, um zu sehen, was ich sonst noch entdecken könnte.

Ich war noch nicht weit gegangen, als ich etwas Verheißungsvolles fand. Eine große, bunte Katze lag ausgestreckt in der Sonne und nahm keine Notiz davon, was um sie her geschah. Ab und zu bewegte sich ihr Schwanz oder ein Ohr, aber darüberhinaus gar nichts. Meine Begegnung mit der Hündin hatte mich sehr ermutigt. Ich ging langsam und ruhig auf die Katze zu. Zuerst hatte ich einfach daran gedacht, mich mit ihr anzufreunden, aber je näher ich kam, desto mutiger wurde ich. Sie lag so friedlich da, so nichtsahnend, daß ich plötzlich von dem Drang überwunden wurde, sie so richtig zu erschrecken. Ich fragte mich, ob ich die Sache schaukeln würde.

Vorsichtig schlich ich mich näher und näher heran, bis ich in Reichweite war. Ich konnte kaum ein schadenfrohes Kichern unterdrücken. Ich wartete, bis ich die Zeit für gekommen hielt, und dann stürzte ich nach vorne und bellte mit aller Kraft, die ich aufbieten konnte. Die totwirkende Katze erwachte mit einem Satz zum Leben wie eine Spiralfeder, die wieder in die Halterung zurückschnappt. Sie landete auf ihren Füßen, bäumte sich auf, ihre Haare standen zu Berge und ihre grünen Augen blitzten. Sie wartete noch nicht einmal, wer oder was oder wie groß ich war. In einem riesigen Satz war sie bis zur Hälfte auf einen Baum geklettert.

Ich war direkt hinter ihr, bellend und hüpfend. Ich war sehr stolz auf mich, sie in die Flucht geschlagen zu haben. Ich hatte noch nie vorher eine solche Erfahrung mit einer Katze gemacht und fand es wahnsinnig aufregend.

Sie wollte nicht wieder herunterkommen, um von mir gejagt zu werden. Nachdem es mir also zu viel wurde, zu warten, und mir der Hals vom vielen Bellen weh tat, entfernte ich mich und ging weiter, um mich nach anderen Abenteuern umzusehen.

Ich fand eine Schar Hühner, die über den Hof gluckten und pickten. Ich sauste mitten in sie hinein und bellte besonders wild. Es war erfolgreich. Sie flatterten und zerstoben in jede Richtung, wobei sie Federn und Schmutz aufwirbelten. Es machte viel Spaß. Ich jagte sie einige Zeit herum, wobei ich all den Aufruhr sehr genoß. Dann wurde ich nach einer Weile auch dieses Spiels überdrüssig und entschied mich, nach etwas anderem zu suchen. Außerdem war es den meisten Hühnern gelungen, sich irgendwo zu verstecken.

Ich wanderte weiter hinter dem Stall her und fand einige Kühe, die auf einer Wiese weideten. Ich rannte mitten in sie hinein, bellte und flitzte hin und her. Sie liefen davon zum äußersten Ende der Weide und brüllten währenddessen.

Ich hatte noch nie mehr Spaß gehabt. Um ehrlich zu sein, dieses neue Wissen, daß ich auf dem Bauernhof alles in die Flucht schlagen konnte, war mir ziemlich zu Kopf gestiegen. Ich hatte noch nie zuvor gemerkt, daß ich solche Macht besaß. Vor Stolz durch diese neu gewonnene Wichtigkeit ganz aufgeblasen, ging ich weiter auf die Suche.

Schweine

28. September (Fortsetzung) – Ich kam zu einem eingezäunten Pferch mit einem kleinen Gebäude an einem Ende. Vor dem Gebäude lag eine riesige, weiße Sau auf der Seite in der warmen Mittagssonne. An ihrer Seite lagen von den Vorderhufen zu den Hinterhufen viele kleine Ferkel in einer schönen Reihe zusammen. Die große Sau lag vollkommen still da, nur ab und zu bewegte sie ein Ohr, um eine lästige Fliege zu verscheuchen, die um sie hersummte. Die Ferkelchen waren unruhig und wanden sich, und manchmal quiekten oder grunzten sie, während sie sich energisch daran machten, ihr Essen einzunehmen.

Ich guckte mir diese seltsam aussehende Familie an. Die Kleinen waren so mit dem beschäftigt, was sie gerade machten, daß sie mich gar nicht beachteten. Aber diese große Sau sah so aus, als könne man mit ihr viel Spaß haben. Ich fragte mich, ob sie auch auf einen Baum klettern würde, wenn ich sie in die Flucht schlage, oder ob sie in alle Winde wegrennen würde wie die Hühner oder ob sie sich unterkriegen ließe wie die Kühe.

Ich zwängte mich unter dem Zaun hindurch und näherte mich ihr langsam. Ich dachte daran, wieviel Spaß ich haben würde, ging ganz vorsichtig bis auf einige Zentimeter an ihren Kopf heran und nahm all meinen Mut zusammen. Ich konnte es kaum erwarten, zu sehen, wie die Sau reagierte.

Als ich ganz nah an sie herangekommen war, blieb ich

stehen. Du meine Güte, war die riesig – viel größer als die Katze oder die Hühner. Ich atmete tief durch, sprang auf alle vier Beine und bellte laut, neugierig darauf wartend, daß der Spaß begann. Mit einem mächtigen Ruck hatte sich die Sau nach oben und auf ihre Füße geschoben. Die kleinen Ferkelchen flogen quietschend in jede Richtung und machten sich schleunigst aus dem Staub.

Mit einem Grunzen, das den Boden, auf dem ich stand, erbeben ließ, drehte die Sau ihren Kopf und kam direkt auf mich zu. Ich hatte erwartet, daß sie davonlief – in eine andere Richtung und nicht auf mich zu. Dieser unverhoffte Verlauf der Ereignisse überraschte mich völlig, und ich hatte kaum Zeit, das Weite zu suchen, um aus dem Pferch wegzulaufen, bevor die Sau mich kriegen konnte.

Ich, nicht sie mußte lossausen. Ich wünschte, ich hätte einen Baum als Zuflucht, aber ich wußte instinktiv, daß ich sowieso nicht wie die Katze hätte auf ihn klettern können, selbst wenn da ein Baum gestanden hätte.

Die Sau war sehr böse darüber, daß sie in ihrem Schlaf gestört worden war. Auf keinen Fall ließ sie sich von einem kleinen Hund einschüchtern.

Bei jedem Schritt konnte ich sie direkt hinter mir spüren. Ihr Grunzen und Schnappen ließ mich noch schneller rennen.

Die kleinen Schweinchen liefen immer noch im Kreis. Sie waren verwirrt und aufgeregt, weil ihr Mittagessen abgekürzt worden war. Ich hatte jedoch keine Zeit, mich über ihr Frustriertsein zu freuen. Diese große Sau war mir dicht auf den Fersen. Ich fühlte, wie ihr Gewicht den Boden erbeben ließ.

Ich wußte nicht, daß es so lange dauern würde, eine so kurze Entfernung zurückzulegen. Ich hatte das Gefühl, „ein Mann des Todes“ zu sein, lange bevor ich den Zaun erreichen würde.

Endlich erreichte ich das Geländer, und mit einem schnellen Untertauchen war ich unter dem Zaun und aus

dem Pferch heraus – nicht eine Sekunde zu früh, denn als ich unter dem Zaun herauseilte, traf mich die Sau mit ihrem geöffneten Maul. Bevor sie ihr Maul wieder schließen konnte, hatte ich mich glücklicherweise außerhalb ihrer Reichweite versteckt. Ich kam also mit einen blauen Fleck von einem Schlag davon, den mir ihr hartes Maul versetzte.

Ich war zu ängstlich, um bellen zu können. Ich hatte Butter in den Knien, und mein Herz schlug bis zum Hals. Ich hörte nicht auf zu rennen, bis ich das Haus erreichte. Und dann krabbelte ich schnell unter die Veranda. Dort lag ich und schnappte nach Luft, ich hatte immer noch zu große Angst, um mich überhaupt zu rühren. Diese alte Sau lief weiter in ihrem Pferch im Kreis herum. Sie grunzte, schnaufte und zählte ihre Ferkel. Ich hatte Angst, daß sie immer noch so wütend sein könnte und aus dem Pferch ausbrechen und nach mir suchen würde.

Endlich beruhigte sie sich, und mein Herz schlug wieder normal. Es dauerte sehr lange, bis ich mich mutig genug fühlte, um wieder unter der Veranda hervorzukriechen, und das tat ich auch nur, weil Markus nach mir suchte, um mir mein Mittagessen zu geben.

An diesem Nachmittag gab ich mich damit zufrieden, in der Nähe der Kinder, besonders Markus, zu bleiben, mit ihnen zu spielen und zum Fluß zu gehen.

So sehr ich auch Lust gehabt hätte, den Rest des Bauernhofs auszukundschaften, meine Erfahrungen mit der großen Sau hatten mir völlig gereicht, und ich entschied mich, es nicht zu tun.

Als meine Familie sich gerade von ihren Verwandten verabschieden und in den Wagen steigen wollte, um nach Hause zu fahren, schlich ich mich davon und rannte zum Schweinestall. Ich ging vorsichtig auf den Zwinger zu, und wie vorher lag die Sau dort mit allen Ferkeln, nebeneinandergereiht an ihrer Brust.

Ich krabbelte so nahe an den Zaun heran, wie ich es mich traute und bellte einmal ganz wild. Wieder wirbelte sie hoch, wobei die Ferkelchen in alle Winde zerstreut wurden, und sie grunzte, während sie aufsprang.

Ich blieb nur so lange, um zu beobachten, wie ihr zorniger Kopf herumwirbelte, um nach mir zu sehen, und wie diese kleinen Ferkel im Staub herumwackelten. Dann wandte ich mich um und lief in die Geborgenheit, die mir Markus und das Auto geben konnten.

Auf der Heimfahrt war ich mit mir selbst zufrieden. Diese alte Sau war gar nicht so großartig, wie sie von sich dachte, und ich hatte sie trotz allem besiegt. Mein Selbstvertrauen war wieder hergestellt, und ich kuschelte mich auf Markus' Schoß und schlief langsam, in mich hineingrinsend, ein.

Der Bauernhof war wirklich ein Ort, an dem man viel Spaß haben konnte. Kein Wunder, daß Markus so gerne dorthin fuhr, um seine Verwandten zu besuchen.

Schnee

3. November – Als Georg heute nach unten kam und aus dem Fenster guckte, war er ganz aufgeregt.

„Es schneit, es schneit“, rief er.

Die anderen Kinder kamen heruntergerannt und kreischten auch.

„Guck mal, es schneit.“

„Siehst Du den Schnee?“

„Können wir im Schnee spielen?“

Frau Dobson lachte und riet ihnen, zuerst ihre Pyjamas auszuziehen und zu frühstücken.

Sobald sie jedoch mit dem Frühstück fertig waren, wollten sie auf und davon – sie konnten es kaum erwarten.

„Wir wollen Spanky mitnehmen.“

„Er hat noch nie Schnee gesehen.“

Natürlich hatte ich vor, sie zu begleiten. Wenn *Schnee* eine solche Aufregung und Freude auslöste, dann wollte ich natürlich sehen, was es damit auf sich hatte.

Ich wurde nach draußen getragen. Über Nacht hatten sich mein Garten und Hinterhof völlig verändert. Über dem Rasen, den Büschen und den leeren Blumenbeeten lag etwas Weißes. Ich mußte blinzeln. Das war vorher nicht da gewesen.

„Was hältst Du vom Schnee, Spanky?“

Also, das hier war Schnee.

„Setz ihn nach unten auf den Boden und laß uns sehen, was er macht“, rief Sandra.

Markus setzte mich auf den Boden. Ich hatte erwartet, daß ich auf diesem weißen Zeug laufen könnte. Aber zu meinem großen Erstaunen sanken meine Pfoten ein. Ich machte einen weiteren Schritt und versuchte, oben zu bleiben, aber ich sank wieder ein. Es war auch ziemlich kalt. Ich hob eine Pfote hoch und schüttelte sie, dann eine andere Pfote und schüttelte sie, aber ich konnte nicht von dem weißen Schaum und der Kälte wegkommen.

Ich drückte mein Gesicht in den Schnee hinein. Er war ganz kalt auf meiner Nase und kitzelte mich. Ich nieste – das leichte, weiße Pulver blies um mich herum. Ich nieste wieder, und die Kinder lachten.

„Laßt uns einen Schneemann bauen“, rief Georg, und sie brausten alle los, um im Schnee zu spielen. Ich rannte hinter ihnen her, zumindest versuchte ich es. Meine kurzen Beine versagten ihren Dienst in dem flockigen Schnee. Schließlich gab ich es auf und legte mich hin, um mich zu rollen. Es war herrlich, diesen weichen Schnee auf dem Fell zu spüren.

Markus kam zu mir, und wir rollten uns beide im Schnee. Wir hüpften herum und drehten uns hin und her. Wir spielten mit dem Schnee, und er flog um uns her. Schließlich hatten wir genug von unserem Spiel und gingen zu den anderen und ihrem Schneemann.

Im Schnee zu spielen, machte großen Spaß. Trotzdem war ich froh, als die Zeit nahte, ins Haus zu gehen. Ich zitterte ein wenig, als man mich im mein Körbchen legte. Ich lag da und versuchte, die Eisteilchen zwischen meinen Zehen wegzulecken. Ich war bald aufgetaut und wäre froh gewesen, noch einmal draußen herumzutollen, aber der Schnee verschwand wieder langsam im Garten. Ich war ziemlich enttäuscht darüber. Ich glaube, Markus ging es auch so, denn Frau Dobson tröstete ihn. Sie sagte ihm, daß es noch zu früh für Schnee sei und daß er nicht liegen bleiben könne. Es werde aber viel mehr Schnee geben, ehe der Winter vorbei wäre.

Ich hoffte wirklich, der Schnee würde morgen wiederkommen.

Traude

5. November – Heute war Traude krank. Deswegen ging sie nicht in die Schule. Ich war froh, daß sie zu Hause bei mir blieb, und freute mich darauf, mit ihr spielen zu können. Sie fühlte sich aber nicht sehr wohl und wollte nicht spielen, aber sie wünschte, daß ich bei ihr blieb. Deshalb lag ich ganz ruhig neben ihr, bis sie einschlief. Ich hoffe, daß sie sich bald wieder besser fühlt. Es gefällt mir mehr, wenn sie mit mir spielt.

8. November – Traude ist immer noch krank. Heute morgen sah Frau Dobson sehr besorgt aus, als sie auf dieses seltsame, kleine Thermometer guckte, das sie aus Traudes Mund nahm. Danach rief Frau Dobson den Arzt an. Er sagte, er wolle vorbeikommen und nach Traude sehen, wenn sie sich bis zum Nachmittag nicht wohler fühlen würde. Frau Dobson rief ihn später an, und er kam ins Haus. Er ließ etwas Medizin für Traude zurück.

9. November – Wir versuchen alle, besonders leise zu sein. Markus nahm mich mit nach oben, um Traude eine Weile zu sehen. Sie drückte mich ganz nah an sich heran. Ihr Körper fühlte sich ganz heiß an. Ich leckte ihr Gesicht, und sie lächelte, aber sie konnte nicht richtig lachen.

10. November – Heute fuhren sie mit Traude weg. Markus sagte, sie komme ins Krankenhaus. Jeder ist ganz still und traurig. Markus sagt, er hoffe, daß es Traude bald besser gehe, damit sie wieder nach Hause kommen kann. Er sagt,

die Menschen in den Krankenhäusern sorgen dafür, daß es den Kranken bald wieder besser geht. Ich hoffe, das stimmt auch für Traude.

11. November – Traude ist immer noch nicht zu Hause, und es geht ihr auch noch nicht besser. Frau Dobson sieht sehr besorgt aus, und alle Kinder sind immer noch sehr ruhig.

13. November – Heute kamen Herr und Frau Dobson nach Hause, während die Kinder noch in der Schule waren. Frau Dobson weinte und Herr Dobson versuchte, sie zu trösten, aber auch in seinen Augen standen Tränen. Dann fuhr er zur Schule, um Georg, Sandra und Markus zu holen.

Markus sagte mir, daß Traude nicht mehr nach Hause kommen wird. Er sagt, daß sie zu einem Ort ging, der Himmel genannt wird. Dort würden sie sehr gut für sie sorgen, und sie würde auch nie wieder Schmerzen haben oder krank werden. Aber Markus ist traurig. Wir sind alle traurig und vermissen Traude sehr.

15. November – Heute sind Georg, Sandra und Markus wieder in der Schule. Als sie heute morgen weggingen, war ich wieder einsam.

Markus hielt mich fest, bis der gelbe Schulbus ankam. Nachdem die Kinder zur Schule weggegangen waren, nahm mich Frau Dobson auf den Arm und liebkoste mich. Ich glaube, daß sie auch sehr einsam ist.

17. November – Die Kinder blieben heute wieder zu Hause. Sie fuhren mit Herrn und Frau Dobson im Auto weg. Großvater und Großmutter waren vier Tage lang hier. Die Verwandten vom Bauernhof kamen heute, spielten aber nicht viel.

18. November – Es ist Wochenende, und deshalb sind jetzt zwei Tage schulfrei. Großvater und Großmutter fuhren heute nach Hause. Die Verwandten fuhren gestern Abend zurück auf den Bauernhof. Jetzt sind wir wieder alle allein.

Markus machte heute einen Spaziergang mit mir. Ich sah Nero. Wir begrüßten uns nur mit einem kurzen „Hallo". In der letzten Zeit sind wir viel besser miteinander ausgekommen, aber heute war mir nicht zum Reden zumute.

19. November – Heute ging die Familie in die Kirche. Ich blieb allein zu Hause. Es machte mir wirklich nichts aus. Frau Dobson hielt heute Nachmittag ein langes Schläfchen. Wir versuchten alle, besonders ruhig zu sein.

20. November – Die Kinder sind wieder in der Schule. Markus sagte, daß er mich gesehen habe, als er zum gelben Schulbus rannte.

Weihnachten

18. Dezember – Heute halfen alle Kinder Herrn und Frau Dobson, einen Weihnachtsbaum aufzustellen und zu schmücken. Es sah so aus, als ob es viel Spaß machen würde. Aber ich durfte nur von der Tür aus zuschauen, während sie im Wohnzimmer arbeiteten.

Sie stellten einen Tannenbaum in einen Ständer vor das große Fenster und hingen dann rundum die verschiedensten glänzenden, schönen Dinge daran. Es sah zauberhaft aus – es glitzerte und glänzte so sehr. Ich hätte so gerne mit einigen dieser Bälle gespielt, aber ich wollte auch keinen Schlag mit der Zeitung bekommen.

Als sie alle fertig waren, machten sie Popcorn, und wir aßen es alle zusammen in der Küche. Markus gab mir auch etwas davon ab.

19. Dezember – Heute sprachen wir über Traude. Herr Dobson sagte, er wisse, daß wir alle Traude liebten und vermißten. Er sagte aber auch, daß es Traudes Wunsch wäre, daß wir fröhlich wären und uns über Weihnachten freuen sollten, obwohl sie nicht bei uns sein würde. Traude sei an einem wunderschönen Ort – sie wartete, daß wir auch dort hinkommen, um bei ihr zu sein. Eines Tages würde die ganze Familie dort hinkommen, um sich wieder mit ihr zu vereinen. Markus sagte, er wolle noch nicht dahingehen, obwohl er Traude sehr vermisse. Da lächelte Frau Dobson und strich ihm übers Haar.

„Ich freue mich, daß Du es nicht eilig hast“, sagte sie, und ihre Augen glänzten ganz feucht.

Ich war auch froh, denn ich hatte Angst, daß der Himmel etwas wie die Kirche oder die Schule sein könnte und daß ich dann zu Hause bleiben und warten müßte.

20. Dezember – Während die Kinder in der Schule waren, packte Frau Dobson heute Geschenke in schönes Papier, das sie mit vielen Bändern und Schleifen verzierte. Sie trug sie ins Wohnzimmer und legte sie unter den Tannenbaum. Sie sahen dort sehr schön aus. Weihnachten kam immer näher.

21. Dezember – Frau Dobson hatte in der letzten Zeit sehr viel gebacken. Das ganze Haus roch gut. Als die Kinder nach Hause kamen, durften sie einmal „kosten“. Markus gab mir eine Ecke von seinem Plätzchen ab. Sie schmecken so gut, wie sie riechen.

24. Dezember – Frau Dobson holte heute große, seltsam aussehende Strümpfe heraus. Sie waren phantasievoll verziert. Sie sagte, dies seien die Weihnachtsstrümpfe, die die Kinder aufhängen sollten. Jeder Strumpf hatte einen Namen. Auf einem stand „Traude“, und Frau Dobson wischte sich Tränen weg, während sie diesen Strumpf sorgfältig wieder in die Schachtel legte.

Die Kinder durften heute Abend ihre Strümpfe aufhängen. Ich weiß nicht, warum das so etwas Besonderes ist, aber sie sind deswegen sehr aufgeregt.

25. Dezember – Stellt euch vor: Als wir heute morgen aufstanden, waren alle Strümpfe mit ganz tollen Sachen bis zum Rand gefüllt.

Markus war der erste, der nachsah, was sich darin versteckte. Er machte so viel Krach, daß ich mich entschied, aus meinem Körbchen herauszukrabbeln und nachzusehen, was da los war. Er war eifrig dabei, Spielzeug, Spiele, Luftballons und Süßigkeiten herauszuziehen.

Bald kamen Sandra und Georg zu Markus. Dann kamen auch Herr und Frau Dobson. Sie lächelten, obwohl sie noch sehr schläfrig aussahen.

DOG
BISCUITS
SPUNKY

Ich habe noch nie eine solche Aufregung gesehen. Ich bellte und kläffte, weil ich auch mitmachen wollte. Frau Dobson zeigte auf einen kleinen Strumpf, der nur für mich da war, und die Kinder wurden wieder ganz aufgeregt. Da war ein neues Halsband – mein altes wurde zu klein – ein neuer Hundeknochen, besonderer Hundekuchen und ein roter Ball. Ich spielte genauso verrückt wie die Kinder.

Markus sagte, daß heute Großmutter und Großvater und die Verwandten vom Bauernhof kommen würden. Heute wollten sie alle verpackten Geschenke unter dem Tannenbaum öffnen, und es gäbe Truthahn als besonderes Weihnachtsessen. Heute würden sie auch zu einem besonderen Gottesdienst in die Kirche gehen, um Weihnachtslieder zu singen und die Geschichte von dem Jesuskind zu hören. *All* das würde geschehen, weil *heute,* an Weihnachten, der Geburtstag von Jesus Christus sei.

Ich wußte, daß ein Hund nicht all diese Dinge tun konnte.

Aber ich bekam auch Geschenke, und ich hatte viel Spaß mit den Verwandten. Ich bekam auch etwas ab von dem Weihnachts-Truthahn und der Sauce als Abendessen, aber ich ging nicht mit der Familie in die Kirche. Trotzdem gefiel mir Weihnachten sehr.

Ich hoffe, daß wir recht bald wieder Weihnachten haben.

27. Dezember – Markus informierte mich heute, daß Weihnachten für eine lange, lange Zeit nicht mehr kommen würde. Ich war ein bißchen traurig darüber, aber als er weiter mit mir sprach, ging es mir wieder besser.

„Spanky, Du wirst langsam 'groß'. Nun, nicht wirklich groß, aber so groß, wie Du nun einmal werden kannst. Du bist jetzt fast ein erwachsener Hund."

Ich fühlte mich ziemlich stolz, wo ich doch jetzt erwachsen war.

„Ich hoffe trotzdem, Spanky, daß Du immer Junge-Hunde-Spiele magst, denn ich werde noch *lange* nicht erwachsen sein. Hunde wachsen schneller als Jungen."

Um Markus zu versichern, daß ich nie zu „alt" sein würde,

ein wildes Spiel mit meinem Jungen zu machen, suchte ich meinen roten Ball, und bald spielten wir so laut, daß wir in Markus' Zimmer geschickt wurden, um dort weiterzuspielen.

Als ich in meinem Bettchen lag und von dem vielen Herumbalgen ganz müde war, dachte ich noch länger darüber nach. Es war schon etwas Besonderes, erwachsen zu sein. Es ist auch sehr gut, daß ein Hund erwachsen werden kann und sich jeder Zeit noch wie ein junger Hund benehmen darf, wie er es will.

Auf Wiedersehen, bis bald

Nun, ich glaube, ihr habt nun genug von meinen Tagen als kleiner, junger Hund erfahren. Von nun an wurden meine Tagebucheintragungen ein wenig ernsthafter und zahmer, obwohl ich desöfteren beobachtete, daß ich noch gar nicht so erwachsen war, wie ich selber zu glauben versuchte. Im Verlauf der Monate gelang es mir jedoch, ein wenig ruhiger zu werden.

Ich glaube, daß meine Mutter im großen und ganzen stolz auf mich wäre. Ich habe mich sehr darum bemüht, alle Regeln zu befolgen, die sie in mich eingeimpft hatte. Sie wäre auch froh über die Familie, die ich sehr gern habe. Sie sind nette, freundliche Leute, die sehr gut für mich sorgen. Aber jetzt ist es genug. Ich bin sicher, daß es euch nicht im geringsten interessiert, weiter von den Erinnerungen eines alten Hundes zu lesen. Auf der anderen Seite, könntet ihr vielleicht eines Tages auf einen Plausch vorbeikommen. Ich würde euch dann von vielen anderen Abenteuern berichten.